Sylter Spitzen

Manfred Degen

Sylter

Neue Satiren von der Goldstaubinsel

Spitzen

Ellert & Richter Verlag

Inhalt

Der Kabarettist von der Goldstaubinsel

Die ganze Republik schaut auf das Eiland im Norden: Prominentenfotos in den Illustrierten, Skandale und Skandälchen in den Boulevardblättern, Fernsehreportagen über Strandpartys. Doch da sind auch die Insulaner selbst, ihr Alltag zwischen dem Kampf gegen das Meer und dem gegen das Finanzamt … Wie aber den Menschen vom Festland die Insel näherbringen und gleichzeitig all die schönen Klischees pflegen, die irgendwie zu Sylt gehören wie Wellen, Watt und Wanderdünen? Ein Kabarettist und Satiriker musste her. Um aus der Insel der Schönen und Reichen mit einem Augenzwinkern die Insel der Schönen und Gleichen zu machen.

Wer sich vor 20 Jahren am Bahnhof in Westerland eine Fahrkarte kaufen wollte, hätte es kommen sehen können. Vor einem Schalter bildeten sich stets besonders lange Schlangen. Nein, nicht weil der Bahnbeamte dahinter zu langsam war. Vielmehr besaß der Eisenbahner, was für eine deutsche Amtsperson fast ausgeschlossen ist: Humor. Manfred Degen hieß der Mützenträger mit dem besonderen Unterhaltungswert.

Heute muss sich zumindest im Norden keiner mehr eine Fahrkarte kaufen, um mit und über Manfred

Degen lachen zu können. Jeden Sonnabend kommt er ins Haus. Die größte Zeitungsgruppe des Landes präsentiert in ihrem „Schleswig-Holstein Journal" die neuesten „Sylter Spitzen". Seitdem lieben die Nordlichter ihre Insel noch mehr. Wie herrlich werden in Degens Kolumne alle Vorurteile und Klischees bestärkt – und dadurch gleichzeitig in Frage gestellt. Man lacht über andere und zugleich über sich selbst. Und neidet den Syltern insgeheim ein wenig ihre „Goldstaubinsel", auf der es niemals langweilig wird.

Das gilt auch für Manfred Degens „Sylter Spitzen". Nichts und niemand ist vor ihm sicher. Und wenn der Insel-Kabarettist nicht auf der Bühne steht oder schreibt, dann schaut er zum Beispiel in der Redaktion der „Sylter Rundschau" vorbei, tauscht den neuesten Inselklatsch aus – und erkundigt sich nach dem Leserecho auf seine Wochenend-Kolumne. Einen richtigen Fanclub hat er bereits. Würde er heute noch einmal hinter dem Schalter am Westerländer Bahnhof sitzen, wären die Schlangen noch länger. Statt Fahrkarten könnte er seine gesammelten „Sylter Spitzen" verkaufen, die nun endlich in Buchform vorliegen. Fröhlicher und gelassener lässt sich die Insel nicht erkunden.

Stephan Richter
Chefredakteur der Zeitungen des
Schleswig-Holsteinischen Zeitungsverlages

Begrüßungsrituale

*Auf Sylter Sommerpartys wird mächtig
herumgeschnullert – für mich ist das nichts*

Es ist wieder so weit. Es gibt kein Zurück mehr. Da muss ich durch, wenn tausend krause Lippenpaare gierig darauf warten, mich einzuspeicheln.

Jawohl, es ist Hochsommer und damit Partytime, Sylt mutiert zur Bussi-Bussi-Insel! Jedes Wochenende bin ich unterwegs, tänzele von der Eröffnung zur Vernissage, von der Charity- zur Benefizgala, vom Betriebsjubiläum zum achtzigsten Geburtstag. Der Platz hier reicht nicht aus, um all die flirrenden Anlässe aufzuzählen, aus denen heraus sich die ewig selben Personen in schöner Umgebung zusammenrotten. Und dann stehen sie da, in der einen Hand die Zigarette, in der anderen ein Glas klebrigen Proseccos. Sie sehen mich, die Augen leuchten lüstern, Erdbeermünder versuchen, Kreise zu bilden – und schon werde ich gegriffen und zu Boden gezogen, eingetaucht in mir fremde Duftwelten, mit feuchtwarmen Küssen übersät, nässend und anhaltend, mal nur angedeutet oder gehaucht, zweimal, dreimal, viermal, oft nicht loslassen wollend.

Habe ich den ersten wilden Ansturm überstanden, schnappe ich nach Luft wie ein Fisch im sommerschlappen Teich. Doch schon werde ich weitergereicht zum nächsten rotlippigen Saugnapf – es ist wie ein Reanimationskurs im Stehen. Haben hier alle Designerpillen eingeworfen oder was Bewusstseinsveränderndes geraucht? Jahrhundertelang war es auf unserem Sandknust üblich, dass man sich in entspannter Wortkargheit begegnete, ein einsilbig hingebrummeltes „Moin" oder „Nabend" genügte. Die Kinder gaben den Erwachsenen die Hand, machten einen Knicks oder einen Diener und bekamen was hinter die Ohren. Da war die Welt noch in Ordnung. Für die Mannsbilder galt die Faustformel: „Wer mich küsst, will auch mit mir vögeln!"

Wärst du vor hundert Jahren einer Einladung zur Teestunde bei einer friesischen Familie in Keitum nachgekommen und hättest dich erdreistet, die drei anwesenden Weibergenerationen nacheinander durchzuschnullern, hätten die Kerle dich mit dem Paddel zum Dorf hinausgeprügelt!

Da lobe ich mir doch die Engländer. Die wahren bei einer Begrüßung drei Meter Abstand und lassen dabei die Hände regungslos in der Tasche. Oder die Japaner: Sie verbeugen sich, verneigen sich ohne Unterlass. Kein Japaner würde auch nur einen Gedanken daran verschwenden, der Geisha das gekalkte Gesicht zu verknutschen. Eher würde er sich in sein Schwert stürzen!

Damit keine Missverständnisse aufkommen: Es geht mir nicht um die Befürchtung, mir Viren oder Bakterien aufzusacken. Nein, ein anständiger Zungenkuss, so ganz tief runter bis zum Zäpfchen, kleines glucksendes Gerangel dabei und dann die Hand unter die Bluse geschoben, das hat doch Gestalt, so sind wir Männer ja auch genetisch programmiert. Aber wie ein Tanzlehrer dastehen, vorgebeugt, als äße man einen saftigen Pfirsich, und dann zwei-, drei-, viermal den Affen machen, ausgerechnet hier, in Sichtweite der Packeisgrenze albernen mediterranen, von der Mafia in die höchste Gesellschaft transformierten Kindergeburtstagsritualen nachkommen zu wollen, dazu sage ich laut und vernehmlich: Nein, danke!

Falls einer von Ihnen, die bis hierher gefolgt sind, mir diesen Sommer auf einer x-beliebigen Feier begegnen sollte, rate ich zu bewährtem Prozedere: Nur kurz schauen, zum Zeichen des Erkennens leicht die linke Augenbraue hochziehen und mir schlicht zunicken. Fertig.

Urlaubsfreudentaumel

Die ganze Reiserei geht gegen die Natur des Menschen und mir auf die Nerven

In deutschen Familien ist es seit Generationen guter Brauch, den Urlaub bereits im Januar zu planen. Die bunten Prospekte liegen bereit, und gemeinschaftlich wird die Flucht aus der Wirklichkeit organisiert.

Nun hat sich das Urlaubsverhalten der Deutschen in den vergangenen Jahren wieder ein wenig gebessert. Zuvor hatten namentlich junge Erwachsene – es muss hier mal klipp und klar gesagt werden – das Niveau auf unter null runtergezogen: Jeden Sommer nach Malle, um Sangria aus Plastikeimern zu saufen, die Nächte voll wie Harry zu durchtanzen und am nächsten Mittag mit einer partiellen Amnesie in den Gossen von Palma aus dem Koma zu erwachen – darin bestand das Programm. So treiben es doch nur Menschen, die mit Vorliebe die Sendungen von RTL 2 und NeunLive gucken, sich Genitalpiercings setzen lassen und am Sonntagnachmittag eine Ferrari-Fahne an die Balkonbrüstung hängen.

Ein weltberühmter Landsmann mit Vornamen Karl hat einmal gesagt, dass der Mensch, wenn er sein Leben einigermaßen im Griff hätte, keinen Urlaub benötigte. Denn Urlaub bedeute keine Erholung, sondern Stress, vergleichbar den Nachtlandungen mit rumänischen Billigfliegern. Mir ist nur leider momentan entfallen, ob die These von Dall, Marx oder Lagerfeld stammt.

Nee, geh mir weg mit Urlaub! Da fahren die Leute in entlegene Gebiete und lassen sich widerstandslos Getränke einflößen, mit denen sie zu Hause nicht einmal Omas Möbel abbeizen würden, sie essen Fleischteile, für die in der Heimat Sondermülldeponien oder Haustierfriedhöfe eingerichtet wurden. Sie wohnen in Hotels, die den hiesigen Jugendherbergsstandard weit unterschreiten, und dürfen sich jede Nacht die Pinkel-Performance ihres Nachbarn anhören. Sie pennen in Betten mit Hängemattencharakter und auf Kopfkissen, gefüllt mit Federschrott und Milbenkacke. Sie müssen sich schon am Frühstückstisch eine schneeweiße Linie Aspirin reinsaugen, weil der Nackenknorpel des Nachts irreparabel geknickt worden ist.

Auch die Langstreckenfliegerei – ein einziges Elend. Rechts neben dir ein korpulenter Ami, der die Armlehne blockiert, aber nicht mit seinem Arm, sondern mit dem Hüftspeck. Sein Arm ist das, was auf deinem Knie liegt. Links ein netter Japaner, Typ Sumokämpfer kurz vorm Platzen. Der zerrt sich schnaufend zwei Thrombose-Stützstrümpfe hoch bis zum Schritt. Du schaust dich ein wenig im Flieger um, siehst die Saftschubse und denkst: „Super, bei dieser Fluggesellschaft wird anscheinend schon bis siebenundsechzig durchgearbeitet. Hoffentlich gilt das nicht auch für die Piloten!"

Eine der beiden Toiletten ist defekt, und so stehst du mit anderen Interessenten Schlange – eine knappe Stunde lang. In der Zeit schafft ein Jumbo neunhundertsechzig Kilometer, also die Strecke Laos–Kambodscha–Vietnam. Dreitausendachthundert Jahre fremde Kultur unter dir – und du stehst im Gang mit voller Blase. Und wenn du heimkehrst, stellst du betroffen fest, dass sämtliche Zimmerpflanzen hinüber sind, die Blätter derart trocken, dass man sie glatt als Joint rauchen könnte.

Andererseits sind wir Deutsche Reiseweltmeister, und so viele Champions wie ehedem haben wir nicht mehr zu bieten. Früher waren wir Deutsche mal Biertrinkweltmeister, mehrfach Fußballweltmeister und darüber hinaus das Land der Dichter und Denker – Global Champions eben. Heute sind wir das Land der Pisadeppen – nur im Sexualkundeunterricht sollen wir noch vor Finnland liegen, habe ich unlängst gehört.

Und unsere Millionenkicker? Ein Jammertal. Ästhetisch ansprechende, leichtfüßig vorgetragene Ballkunst haben die überbezahlten Rumpelfußballer nur selten zu bieten. So gilt es, den letzten verbliebenen Titel zäh zu verteidigen: Reiseweltmeister. Da darf niemand abseits stehen, da müssen alle an einem Strang ziehen.

Balkonien war gestern. Doch was treibt uns Deutsche überhaupt außer Landes? Ein diffuses Gefühl des „Bloß weg hier"?

Der Mensch, das dürfte sogar für einen Volkshochschulabbrecher nachvollziehbar sein, ist von seiner mentalen Struktur, von seiner genetischen Ausstattung her eigentlich nicht fürs Reisen geeignet. Psychologen und Soziologen haben längst nachgewiesen, dass im Alltag glückliche Partnerschaften im Urlaub nicht selten in die Grütze gehen. Doch damit nicht genug.

Nach zwei Wochen wattigem Weißbrot stellt die Verdauung beleidigt den Dienst ein, und nachts schreckt man infolgedessen schweißgebadet auf, von grobem norddeutschem Vollkornbrot halluzinierend.

Manche behaupten ja, auf Fernreisen, vorzugsweise auf die andere Seite der Erdkugel oder ins östlichste Ostasien, erlebten sie das Glück in Vollendung. Träumer sind das, blenden aus, was sie bei der Heimkehr erwartet. Nach der Landung in Frankfurt am Main werden sie robust und umfassend vom Zoll betreut: Die superscharfen Schlangenlederschuhe aus Bangkok, die preiswerte Rolex aus Saigon und das günstige Notebook aus Hongkong werden wegen Verstoßes gegen das Washingtoner Artenschutzabkommen, wegen Markenpiraterie und Umsatzsteuerunterschlagung konfisziert. Man tauscht quasi die Ware gegen diverse Anklageschriften. Das ist die Wahrheit.

Seit fünf Millionen Jahren leben Menschen auf diesem Planeten, seit einer halben Million Jahren üben sie den aufrechten Gang, seit fünftausend Jahren begatten sie sich vis-à-vis, haben dem puren Sexualtrieb kulturelle Korsettstangen eingezogen, und seit fünfzig Jahren fahren die Menschen ein- bis dreimal pro Jahr in den Urlaub. Diese Eigenschaft liegt also ziemlich weit am Ende der Evolutionskette. Wir wissen noch gar nicht, ob sie erhalten bleibt oder so verschwindet, wie sie einst auftauchte.

Doch immer wieder knallt selbst beim Sylter, dem typischen Bewohner einer Ferieninsel und mithin schon gar nicht gemacht zum Verreisen, die Sehnsucht nach balearischer, kanarischer oder gar orientalischer Bohème durch, und er bekommt Ausschlag wegen seines vermeintlichen Fernwehs.

Dann entert er kurzerhand eine Maschine gen Süden, um dort auf unbequemen Stühlen vor lärmumtosten Bistros zu hocken und beim Anblick der vorbeiflanierenden mediterranen Schönlinge zu überlegen, ob er mit seiner Heterosexualität nicht völlig falsch aufgestellt ist.

Wäre es nicht viel klüger gewesen, daheim geblieben zu sein, dort regelmäßig die eigene Frau zu begatten und abends vom La Grande Plage aus mit einem Glas Rotwein in der Hand nach England rüberzublinzeln? Oder so ein Club-Urlaub mit Animationsschnickschnack. Geh mir weg damit! Alle immer nur am Lächeln. Schlimm. Ich hätte abends Muskelkater in den Wangen. Oder in der Südsee unter Palmen wandeln, um von herabstürzenden Kokosnüssen in die Erde gerammt zu werden. Absurdes Theater. Da bleibe ich doch lieber auf meiner Insel. Da kenne ich mich aus, da weiß ich, was ich hab. Auf Sylt ist es im Winter um vier Uhr nachmittags stockdunkel, und der Regen peitscht einem von der See her entgegen.

Dann bleibe ich eben in meiner gemütlichen Wohnung und begieße die Pflanzen, damit die Blätter nicht vertrocknen. Denn rauchen tu ich ja nun mal nicht …

Leseleidenschaft

Vor der Erfindung des Buchdrucks war's einfach, heute erschlägt einen die Vielfalt analoger und digitaler Botschaften

Ich lese gerne. Ich lese auch recht viel. Zuweilen sogar Sachen, die ich nicht selbst geschrieben habe. Fantasyromane und Science-Fiction-Schnick-Schnack interessieren mich jedoch nicht die Bohne. Nach meiner Analyse bekommen Autoren dieses Genres ihr Leben im Diesseits einfach nicht auf die Reihe, basteln sich ihre eigene, verschrobene Welt und versuchen sich auf diesem Wege selbst zu therapieren. Auch Henning Mankell geht mir echt auf den Senkel. Verquast immer wieder afrikanische Folklore mit schwedischer Tristesse und nervt dazu mit Orgien der Brutalität.

Noch lieber als Bücher lese ich deshalb Zeitungen. Immer und überall und sooft es geht. Mein schönstes einschlägiges Erlebnis widerfuhr mir vor einem halben Jahr. Aus beruflichen Gründen befand ich mich gerade auf einem Kreuzfahrtschiff. Wir lagen in der Lagune von Bora Bora, Luft- und Wassertemperatur so bummelige dreißig Grad. In Deutschland war es zwei Uhr nachts. Während in der kalten Heimat die Rollenoffsetmaschinen die Blätter erst auszuspucken begannen, waren die als Datensatz längst um den Erdball gefunkt, in den Tiefen unseres stolzen Schiffes als Minizeitung ausgedruckt, von einem der philippinischen Matrosen zusammengeheftet und sorgsam auf unserem Frühstückstisch drapiert worden, der auf dem sonnenüberfluteten Außendeck stand. Und da las ich dann – nicht ohne Niedertracht – die Berichte über ein Schneetreiben auf der A 7, über Streitereien in der Berliner Koalition und über Stromausfälle wegen vereister Überlandleitungen. Tja, die Zurückgebliebenen konnten einem echt leid tun ...

Allergrößtes Vergnügen bereitet mir regelmäßig die Berichterstattung aus der flirrenden Welt der Forschung. Beginnt ein Artikel mit der Floskel: „Wissenschaftler haben jetzt herausgefunden, dass ... ", dann packt mich schon eine freudige Erregung. Zuletzt haben Wissenschaftler nach meiner Beobachtung herausgefunden, dass ein Überholvorgang beim Autofahren nicht nur ein physikalischer Prozess ist, sondern auch ein psychischer, ein hochkomplexer dazu. Sieben Denkphasen, so fanden die Gelehrten heraus, reihen sich dabei aneinander: Absicht, Wahrnehmung, Beurteilung, Prognose, Entscheidung, Aktion und Überprüfung. Eine sehr präzise Betrachtung, deren Richtigkeit ich nur bestätigen kann. Denn so erlebe ich den besagten Verlauf jeden Tag bald hundertmal:

Ich *beabsichtige*, den Penner da vorne zu überholen. Ich *nehme wahr*, dass kaum Gegenverkehr herrscht. Mit etwas Glück, so *beurteile* ich die Lage, könnte ich es schaffen, komplikationslos vorbeizuziehen. Die *prognostische* Wahrscheinlichkeit, dass es gelingt, ist größer als fünfzig Prozent, also Augen zu, Bleifuß-*Aktion*, und durch! Es folgt die abschließende *Überprüfung* durch einen Blick in den Rückspiegel. Schwarzer Gummiabrieb auf der Fahrbahn, das bedeutet: optimale Fahrweise beim Überholmanöver!

Das Lesen im Internet hingegen ist bei mir wegen einer ärgerlichen Episode negativ belastet. Als ich vor einer Ewigkeit einen Netzanschluss ins Mietshaus gelegt bekam und mir das Prinzip einer Suchmaschine erläutert wurde, habe ich natürlich erst einmal meinen eigenen Namen gegoogelt – für viel mehr nutze ich den Dienst übrigens auch heute noch nicht. Mit zitternden Fingerkuppen tastete ich also „D-e-g-e-n" ein, hackte auf die Eingabetaste und hoffte, zahllose Querverweise zu diesem „Stichwort" zu erhalten, darunter in erster Linie begeisterte Besprechungen meiner Bücher und Auftritte, möglicherweise sogar die Namen heimlicher Verehrerinnen oder Adressen von Fanclubs in Kärnten oder Übersee. Doch was sprang mir als oberste Eintragung entgegen? Eine wissenschaftliche Abhandlung über „degen-erierte Knochengelenkserkrankungen".

Und das soll eine ordentliche Suchmaschine sein? Dass ich nicht lache! Ich sage schon jetzt voraus: Die besten

Jahre von Google sind Vergangenheit. Da steckt keine Power mehr dahinter, da mangelt es eklatant an Feingefühl und Recherchegenauigkeit. Die gehen garantiert bald in die Insolvenz – wenn die nicht mal die Namen der wichtigsten und bedeutendsten ... na ja, lassen wir das.

Abreisetagtrauma

Wenn Urlauber unser Eiland zuhauf verlassen,
geht es für die Einheimischen nicht immer ohne
Blessuren ab

Ich habe das unendliche Glück, an genau jener Straße
der Insel Sylt zu leben, auf der sich die Autos vor der
Verladung nach Niebüll kilometerweit zurückstauen.
Das passiert pro Jahr circa zwei Dutzend Male. Rekord-
verdächtig ist erfahrungsgemäß der Sonnabend nach
Neujahr. Oft reicht die Autoschlange so weit in den
Süden, dass an ihrem Ende schon mediterranes Klima
herrscht!
Bewundernswert finde ich die Sittsamkeit und die
Gelassenheit der Auto- nebst ihrer Beifahrer. Sie stellen
sich ohne zu murren hinten an, schalten die Motoren
ihrer Limousinen aus und warten, warten, warten.
Ständig kreisen Thermoskanne und Colabuddel. Die
Väter studieren BILD, die Mütter qualmen Kette, und
die Gören juckeln auf der Rückbank herum, bis sie
vom Alten von vorne eine geschmiert bekommen.
Irgendwann macht sich unbändiger Harndrang be-
merkbar, und das Verlangen, eine Toilette aufzusuchen, wird übermächtig. Dann schleichen sie, verlegen
um sich schauend, in die Vorgärten und stellen dir mit
einem stöhnenden „Aahh, tut das gut!" ihren Champa-

gnerstrahl in die Bauernrosen. Oder sie klingeln Sturm an deiner Haustür und fordern unverblümt, deine Nasszelle nutzen zu dürfen. Doch das ist längst nicht alles. Anlieger der Zubringerstraße sind für Abreisewillige offenbar Dienstleister. Deshalb fragen sie mal nach einem Napf Wasser für den Hund, mal wollen sie ihren Handy-Akku aufladen. Oder sie möchten ihre frierende Oma kurz parken, auf dass sie sich ein wenig aufwärme: „Hier sind ihre Tabletten. Von den Grünen soll sie jede halbe Stunde zwei Stück nehmen." Und schon sitzt man in der Falle. Wenn ich jetzt entrüstet die Tür zuschlage, zerren die mich demnächst wegen unterlassener Hilfeleistung vor den Kadi.

Einmal stand ein Wohnmobilist vor meiner Tür, in der Hand das Ende eines langen Kabels mit Stecker. Er bat, kurz ans Stromnetz zu dürfen, da seine Familie beabsichtige, sich in der Mikrowelle eine leckere Lasagne mit Schafskäse zu schmurgeln. Ach ja, und ob wir für die Vinaigrette eventuell etwas Balsamico-Essig vorrätig hätten. Ein Tässchen würde wohl genügen. Anschließend drückte er mir eine Plastiktüte mit den gebrauchten Windeln der frisch geschlüpften Zwillinge in die Hand. Ob wir die bitte entsorgen könnten, weil sie im Camper so streng riechen würden.

Zuweilen geht es gar nicht mehr voran Richtung Verladerampe. Dann holen Jugendliche Bälle hervor und kicken zwischen Heckklappen und Stoßdämpfern.

Frauen nehmen durch runtergekurbelte Scheiben
Kontakt auf und beschnattern, wen sie alles in der Sansibar gesehen hätten. Die Männer öffnen fachmän-
nisch die Motorhauben ihrer Autos, fummeln ein bisschen herum und wischen sich hernach die öligen Finger in einem Papiertaschentuch ab, ganz so, als hätten
sie gerade den Vergaser neu justiert.

Irgendwann, die Hoffnung auf eine zeitnahe Verladung ist längst zerbröselt, schiebt sich das Rote Kreuz
mit einem Bollerwagen an der Autoschlange vorbei
und verteilt dampfenden friesischen Tee mit liegen ge-
bliebenen Weihnachtskeksen. Inzwischen ist der Auto-
zugpfarrer eingetroffen. Er schreitet die immobile
Automobil-Prozession ab, wirft Segen auf die Gemein-
de der Wartenden und nimmt bei Bedarf Beichten ab.
Sogar Nottrauungen unter freiem Himmel durfte ich
von meinem Heim aus schon beobachten.

Auch die Sylter Aidshilfe schläft nicht, sondern macht
sich die Situation zunutze. Helfer schlendern von Auto
zu Auto, verteilen rissfeste Kondome und demonstrie-
ren den vorschriftsmäßigen Gebrauch an realitätsge-
treuen Holzmodellen.

Die Szenerie entwickelt ein immer stärkeres Eigen-
leben. Beziehungen gehen zu Bruch: Sie verlässt den
gemeinsamen Maserati und zieht drei Autos weiter zu
einem smarten Galeristen, der lässig in einem geräumi-
gen Audi Q7 thront. Ein in der Warteschlange woh-

nender Makler hat flugs einige Immobilien am Straßenrand aufgekauft und vermittelt sie mit einem Aufpreis von fünfzig Prozent an Interessenten in den Autos. Die Kaufverträge werden von einem Sylter Notar beglaubigt, der mit einem eigens konstruierten „Drive-in-Rollpult" direkt an stehende Pkw andocken kann.

Die neuen Grundeigentümer manövrieren dann rückwärts in die Auffahrt ihrer frisch erworbenen Liegenschaft, besichtigen die Räumlichkeiten, schleppen ihre Utensilien hinein und wollen es sich gerade gemütlich machen. Da klingelt es schrill an der Tür, und jemand fragt, ob er mal rasch das Klo benutzen dürfe …

Möwenalarm

Westerland kämpft verzweifelt gegen die Luft-
angriffe der dreisten Müllvögel

Was den Niebüllern ihre Krähen sind und den Auto-
bahnbauern mancherorts der Wachtelkönig, das sind
dem Sylter seine Möwen: gefiederte Plagegeister, übel-
launige Flugkreaturen, Milbenträger zudem. Kurzum,
ich kenne Zeitgenossen, die würden gerne mal das eine
oder andere Exemplar an die Wand klatschen.
Das Problem muss Außenstehenden erläutert werden.
Man stelle sich vor, da flaniert ein Gast über unsere
weltläufige Hochglanz-Promenade, lässt sich die Sinne von Operettenmelodien verdudeln, die aus der
Kurmuschel an seine Ohren dringen, und schlabbert
derweil an einem Premium-Eis, einer mediterranen
Kreation aus Stracciatella, Amaretto und Zabaione.
Da kommt voll arger List von hinten so eine Möwe
angeschwalbt, kreist eine Weile bedrohlich über
ihrem Objekt, landet kurz entschlossen auf dem Kopf
des Genießers, und – zack – ist die kühle Delikatesse
in ihrem gierigen Schlund verschwunden. Begründung
vonseiten des Tieres: Es sei schließlich ein Mövenpick-
Eis gewesen!
Also, hören Sie mal: so eine Unverfrorenheit können
wir uns doch nicht bieten lassen!

Übrigens möchte ich an dieser Stelle mit einer Mär aufräumen: Vom Möwenschiss getroffen zu werden, bringt keineswegs Glück. Ich weiß, wovon ich rede. Mir klingt das Aufprallgeräusch des cremigen Exkrements noch in den Ohren. Als ob ein Pott Wandfarbe von der Trittleiter kippt und der Inhalt sich über dich ergießt. Käme irgendjemand auf die Idee, zu behaupten, ein solcher Zwischenfall bringe Glück? Papperlapapp!

Nun sollten wir bei allem Hass ein wenig Verständnis für die Möwe an sich aufbringen. Sie ist nicht aus Langeweile oder aus Daffke in die küstennahen Städte eingefallen, sondern wegen des Verlustes ihrer angestammten Lebensräume, der nahrungsreichen Mülldeponien.

Im Falle Westerlands wäre allerdings denkbar, dass das Möwentier die Siedlung mit einer Müllhalde verwechselt, was ja eine Einschätzung wäre, die der Mensch teilen kann, aber nicht muss.

Erschwerend kommt hinzu, dass permanenter Mundraub und gelegentlicher Beschiss noch ergänzt werden durch eine Lärmbelästigung, die nicht einmal im Musikantenstadl erreicht wird. Warum zwitschern die Biester eigentlich nicht? Jede Amsel, jede Lerche und die Drosseln sowieso, sie treiben einem die Glückstränen in die Augen, wenn sie uns des Morgens aus dem göttlichen Schlafe tirilieren. Doch diese elenden Albatrosattrappen schreien, tönen und krächzen durcheinander wie ungeübte Blechbläser beim Musikfestival „Zwölfton meets Free Jazz".

Doch es gibt Grund zur Hoffnung, eine Lösung scheint in Sicht. Wie ich höre, arbeitet der Leistungskurs Biologie des Sylter Gymnasiums im Rahmen des Wettbewerbs „Jugend forscht so vor sich hin" daran, der gemeinen Möwe ein Nachtigallen-Gen einzupflanzen. Das erklärte Ziel der Nachwuchswissenschaftler: Die Möwe soll endlich singen.

Nutznießer werden wieder einmal wir Sylter und unsere Kurgäste sein, die sich auf Sinnesräusche sondergleichen freuen dürfen. Glückgefühle hin bis zum Gotteserahnen erwarten uns beim morgendlichen Sängerwettstreit von Spatzen, Finken, Haubentauchern und Zehntausenden von Möwinnen und Möwen.

Kleiner Nebenaspekt der tonalen Umwälzung: Die Weltliteratur wäre ein Stück weit nachzukorrigieren, präziser: die Liebesszene aus Romeo und Julia. Hier muss es nun heißen:

„Du willst schon fort? Es ist noch längst nicht Tag:
Es war die Heringsmöwe und nicht die Lerche."

Wie tröstlich, dass William Shakespeare das erspart geblieben ist.

Wolkenbruchdebatte

Wer Gedanken lesen kann, hat mehr von Nachbar-
schaftskonflikten

Geht es Ihnen auch so? Manchmal spüre ich, dass ich
Gedanken lesen kann. Ich kann mich gar nicht dagegen wehren. Es stört mich aber auch nicht, im Gegenteil, oft ist es ganz unterhaltsam. Neulich zum Beispiel,
bei der Autoverladung in Niebüll: Vor mir stand ein
Cabrio aus Düsseldorf. Das Pärchen diskutierte fiebrig,
ob das Verdeck während der Überfahrt nach Sylt offen
bleiben oder doch lieber geschlossen werden sollte.
Die Wettersituation war ambivalent, in dem Augenblick schien die Sonne, aber darauf ist in Nordfriesland
bekanntlich kein Verlass.
Sie plädierte für geschlossen. Begründung: „Falls doch
ein plötzlicher Schauer kommt – während der Überfahrt kriegen wir das Dach dann nicht zu." Er hingegen
wagemutig, cool, kernig: „Ach lass mal, meine Zuckerschnute, wird schon gut gehen. Du kennst doch meinen Wahlspruch: No risk – no fun!" Sie muckte zwar
noch zwei-, dreimal auf, doch er tätschelte sie nieder.
Die Fahrt ging los, und schon nach zehn Minuten
zogen tiefdunkle Wolkengebirge auf. Die folgenden
Ereignisse erlebte ich wie im Autokino. Unmittelbar
vor mir lief ein Stummfilm ab. Während wir durch die

Köge klabasterten, wurde im Cabrio erwartungsgemäß die Diskussion neu aufgenommen, gestenreich, mit Augenrollen, wegwerfenden Handbewegungen und grimassierender Mimik.

Die zuckerschnutige Sozia versuchte, ihren trotzigen Gemahl erneut zum Einlenken zu bewegen. Doch es war zu spät. Kurz hinter Klanxbüll öffnete der Himmel seine Pforten, und ein Sommerschauer der Kategorie Wolkenbruch stürzte auf uns herab. Der gerade noch so selbstsichere Cabriolackel sackte schlagartig in sich zusammen, nahm in Sekundenschnelle die Gestalt eines begossenen Pudels an und spürte im selben Moment, dass seine Beziehung soeben einer existenziellen Prüfung ausgesetzt wurde.

Sie verabschiedete sich mit einem Blick in den Schminkspiegel heulend von ihrer glamourösen Lockenfrisur, und proportional zum steigenden Wasserstand im Cabrio verknautschte sich ihr drollig-süßes Antlitz zu einem horriblen Wutgesicht. Man sah förmlich, wie ihr knuffiges Stammhirn dem Großhirn ein paar üble Gedanken um die Ohren schlug!

Und jetzt, Freunde, kommt's, plötzlich kam meine eingangs erwähnte Gabe ins Spiel. Ich konnte tatsächlich die Gedanken dieser Trulli wie in einer Comic-Sprechblase über ihr ablesen:

„Oh, wie ich ihn hasse, diesen Vollidioten! Ich habe mir für ihn das Gesäß liften und die Ohrläppchen aufspritzen lassen. Ich renne jedes Wochenende mit ihm über den Golfplatz, um auf diese elenden weißen Bälle einzudreschen, beim Abfahrtslauf vom Idiotenhügel in St. Moritz habe ich mir den Meniskus zerfasert und beim Segeltörn durchs Mittelmeer mir die Seele aus dem Leib gekotzt. Und als er letztes Jahr den Tick mit der Harley bekam, habe ich mir nacheinander eine Reizblase und eine Bindehautentzündung geholt."

Und in einer weiteren Blubberblase konnte ich folgende Sätze entziffern:

"Zweimal habe ich den Typ mit meinem Sparbuch vor der Insolvenz gerettet, weil er sich mit Beate-Uhse-Aktien verspekuliert hatte. Und jetzt sitze ich hier in seinem Angeberauto und werde kalt geduscht. Nur weil er mal wieder den Dicken machen musste. Aber vielleicht kriegt sein Airbag gleich 'nen Kurzschluss und schleudert ihn ins Wattenmeer. Und dann ... dann wird das doch noch ein schöner Tag!"

Fortpflanzungskalkulationsmodell

Sylts Bewohner sind zwar nicht gebildet, zur Vermehrung reicht's aber noch

Der Appell unserer Regierung, dass die Bevölkerung mehr Kinder zeugen möge, um das Rentensystem zu stützen, wird auf Sylt durchaus gehört, aber irgendwie nicht verstanden. Denn er richtet sich ja in erster Linie an Akademikerfamilien. Daran wiederum herrscht bei uns ein eklatanter Mangel, denn außer ein paar Pastoren und Studienräten haben wir keine ernstzunehmenden Hochschulabsolventen vorzuweisen. Allenfalls am Rande vegetiert noch eine kleine Schar von Archäologen, Biopraktikern und Landschaftstherapeuten – ja, den Ausbildungsgang gibt es wirklich. Doch diese Berufsgruppen kommen grundsätzlich nicht zur Vermehrung, da sie ihre Abende mit endlosen Diavorträgen vergeuden. Tagsüber buddeln sie im Watt nach Würmern oder den Schätzen Rungholts. Wer indes ständig bis zu den Knien im Schlick steht, dessen Virilität bleibt halt auf der Strecke.

Mit Akademikerkindern wird's also nichts auf Sylt, darum muss den Job wieder der Durchschnittssylter stemmen, der Appartementvermieter.

Dem allerdings tut sich folgende fatale Rechnung auf: Wenn er sich mit seiner Frau zur Brut und Aufzucht eines oder gar mehrerer Sprösslinge entschließt, müsste er wenigstens eines seiner Ferienzimmerchen umwidmen in ein Kinderzimmer. Und schon beginnt die Rechenmaschine zu rattern: Bei zweihundert Vermiettagen pro Jahr und einem angenommenen Gewinn von zweihundert Euro am Tag verdampfen schon vierzigtausend Euro im Jahr. Und weil Sylter Kinder notorische Nesthocker sind oder derart aufsässig, dass sie dauernd mit Stubenarrest bestraft werden müssen, lässt sich dieses Drama mühelos auf dreißig Jahre hochrechnen. Das sind – inklusive entgangener Zinsen und Zinseszinsen – mal locker zwei Millionen Euronen!

Gut, das Au-pair-Mädchen, das für Ablenkung und Erziehung der Blagen angeheuert wird, kann im Keller hausen. Aber in der Hauptsaison würde selbst dieser Raum, eine sogenannte Warft-Etage, noch einen Hunni am Tag abwerfen, cash und schwatt, wenn Sie wissen wollen, wie wir Sylter so rechnen.

Dazu kommt die Anschaffung oder Finanzierung von Unmengen nutzlosen Kleinkrams wie Windeln, Handys, Rollerblades, Spielekonsolen, Ballettunterricht und Internatsaufenthalte sowie zwei abgebrochene Studiengänge und eine Insolvenz als Bistro- oder Surfklamottenladenbetreiber.

Eine kurze Zwischenaddition ergibt, dass bei dem eher niedrig angesetzten Mittelwert von tausend Euro pro

Monat schnell eine halbe Million aufzuchtsbegleitende Transferleistungen zusammenkommen. Den vermutlich erforderlichen Drogenentzug für den Sohn und die mittelbar durch Probleme mit dem Nachwuchs notwendig gewordene Psychoanalyse für die Mutter wollen wir hier gar nicht mitrechnen.

Gut, dem gegenüber stehen das Glück und die Gnade, mit der Tochter beim Abiturball den Ehrentanz bestreiten zu dürfen oder mitzuerleben, wie der Sohn es mit seiner Anarcho-Punkband beim winterlichen Musikantenwettstreit bis aufs Treppchen schafft und von dort aus ins Publikum rotzt.

Das macht einen zwar stolz, aber das Defizit bleibt.

Dennoch greift die aufgemachte Rechnung möglicherweise zu kurz. Nehmen wir mal den nicht unwahrscheinlichen Fall an, der Vater stürzt beim Seglerball in Keitum tierisch ab, und der Sohn, der zufällig ein paar Häuser weiter bei seiner minderjährigen Freundin genächtigt hat, erklärt sich bereit, den hackevollen Alten frühmorgens heimzuchauffieren, dann müssen wir natürlich von Rechts wegen die eingesparten Taxikosten mit dem sonstigen Aufwand verrechnen.

Und bumms – sieht das Finanzdesaster schon viel sympathischer aus …

Kulturaustausch

Im weltweiten Wettlauf volkstümlicher Gebräuche
ist Deutschland ins Hintertreffen geraten

Der permanente Austausch unter den Kulturen sorgt
mehr und mehr dafür, dass das Leben heutzutage fast
überall sinnlich und aufregend ist.

Löschten die Menschen auf Sylt früher ihren Durst
mit lauwarmer Schafsmilch oder bitterem Grünkohl-
wasser, so pfeifen sie sich heute schon vor dem Frühstück eine Magnumflasche „Veuve Clicquot" rein. Das
ist nicht aus uns selbst gekommen, das haben wir uns
bei den Kurgästen abgeguckt, bei den Geldaristokra-
ten mit Villen in Keitum oder Braderup, diesen stil-
bildenden Bescheidwissern, die sich ohne Unterlass an
den Zusammenkünften der „Society" laben, wo immer auf dem Erdball sie stattfinden. Die schleppen
dann die neuesten Trends in ihre Heimatländer ein
wie epidemische Bazillen. Die Symptome sind arten-
reich.

In den Inselkirchen schmettern Friesenchöre mit einer
solchen Inbrunst Gospelsongs, dass draußen die Flut
zurückweicht. Ich beklage das nicht, weiß ich doch,
dass dieser Import keine Einbahnstraße ist. Denn zur
selben Minute trällern blutjunge Südkoreanerinnen in
den Slums von Seoul Beethovens Ode an die Freude

auf Deutsch – unglaublich, alle Menschen werden über die Klassikklänge tatsächlich zu Brüdern!

Schon kurz nach der Entdeckung Amerikas durch Kolumbus wurde der internationale Kulturtransfer professionell organisiert und abgewickelt: Indianer bekamen aus Europa das Feuerwasser, dazu gratis die Pocken- und Schnupfenviren sowie Schießgewehre nebst Munition. Die Ureinwohner Nordamerikas revanchierten sich mit eigenen Errungenschaften wie Tabak, Kartoffeln, Mais und Syphilis. Das ist historisch bewiesen.

Die Afrikaner wiederum schenkten uns das Elfenbein, welches hier in Europa zu Billardkugeln, Klaviertasten und Glücksbringern verarbeitet wurde. Als Dankeschön für dieses Präsent werden seitdem alle Spielfilme und Fernsehdokumentationen, die sich kritisch mit dem Thema Sklavenhandel beschäftigen, mit elegischer Klaviermusik unterlegt.

Unsere Vorfahren beglückten die ewig tanzenden und lachenden Glückskinder der Südsee mit dem lustfeindlichen Protestantismus, mit Glasperlen und vor allem mit der Missionarsstellung, die völlig zu Unrecht oft als einfallslos hingestellt wird. Dafür durften wir von den Bewohnern Polynesiens Hula-Hula importieren, die Ananas und den Modespleen, Hibiskusblüten am Ohrläppchen zu tragen. Und dafür, dass die spanischen Konquistadoren sich aktiv gegen eine Übervölkerung Südamerikas einsetzten, rächen sich die Indios noch heute durch erbarmungsloses Flötenspiel in den Fußgängerzonen europäischer Millionenmetropolen. Aber das ist nur ein ziemlich einzigartiges Negativbeispiel.

Die Inder machten es besser. Sie beschenkten uns unter anderem mit rattenscharfem Curry und Kamasutra, kulturellen Bereicherungen also, die uns hecheln lassen und atemlos machen. So kurbelten sie auch den Reiseverkehr mächtig an. Denn wer sämtliche Übungen des Kamasutra durchgeturnt hat, muss komplett malade nach Indien geflogen werden, um sich dort mit asiatischer Gelassenheit entknoten zu lassen.

Und was haben wir nun all dem entgegenzusetzen, mit welchen kulturellen Errungenschaften aus Deutschland haben wir der Welt ein Geschenk gemacht außer, wie erwähnt, mit Beethoven und den Schnupfenviren? „Kindergarten" und „Blitzkrieg" sind immerhin eins zu eins in die englische Sprache eingeflossen. Die Entdeckung der Kernspaltung wird uns zugeschrieben, Tokio Hotel und natürlich Karl Lagerfeld als größter lebender Philosoph („Nehmen Sie das, was ich sage, bitte nicht ernst. Wenn ich jetzt etwas sage, kann ich mich vielleicht morgen daran gar nicht mehr erinnern").

Dass Hermann der Cherusker kürzlich als Held gefeiert wurde, weil er zweitausend Jahre zuvor die Römer vernichtend geschlagen hat, ist ein zweischneidiges Schwert, um mal in der Terminologie jener Schlachten zu bleiben. Schließlich wurde dadurch vereitelt, dass mediterraner Müßiggang, der Fahrstil römischer Motorrollerpapagalli und ölige Antipasti den kalten Norden zum heiteren Süden aufgepeppt hätten.

Gut, wir hätten dann zwangsläufig in die katholische Kirche gemusst, wären pappnasige Karnevalisten geworden, jedoch abermals nicht ohne Gegenleistung: Immerhin wären uns drei Feiertage zusätzlich pro Jahr in den Schoß gefallen. Allein dafür hätte es sich doch schon gelohnt.

Bootsnamensindmanchmalbimmeldoof

Vor folgenreichen Taufen von Wasserfahrzeugen
ist Obacht geboten

Dass gute Gesundheit wichtig sei, Harmonie in der Partnerschaft und selbstverständlich beruflicher Erfolg, der den Mann erst sexy macht – das alles ist Konsens in unserer Gesellschaft. Ferner gilt die allgemeine Zielsetzung, dass die Kinder es einmal besser haben sollen als man selbst, und je weiter weg die „Destination" lag, desto schöner war der Urlaub.

Is' natürlich alles dummes Zeug. Zum wahren Glück des Mannes gehört ein Boot! Damit er – Seemanns Braut ist die See – hinausfahren kann aufs Meer. Damit er seine Heimat mal von draußen sieht und begreift: Egal ob Festland oder Insel, im Grunde sind das nur profane Sandhaufen, irgendwie.

Aber noch viel wichtiger als ein Boot ist der Name für das Boot. Der Name sagt alles, nicht über den Kahn, aber über den Besitzer. An langen Winterabenden bei Rotwein oder schäumendem Bier einen zündenden Namen für ein gerade angeschafftes, vielleicht sogar erst anbezahltes Boot auszutüfteln – ein größeres Vergnügen find'st du nur in der Horizontalen!

Namen seien Schall und Rauch, heißt es. Mag sein. Für Freizeitschiffe gilt das nicht. Allerdings muss man die an Bug und Heck gepinselten Botschaften zu entschlüsseln verstehen. Eine Kunst, die nur Insider beherrschen. Dass der Schoner doch teurer wurde als geplant, verrät uns beispielsweise der Name „Til Gung" oder „Uppumpköft". Ein Scheitern an Technik oder guter Seemannschaft signalisieren die Namen „Irgendwasistimmer" oder „Gaddaschdrofe". Und eine im Hafen herumdümpelnde Yacht mit dem Namen „Os Mose" verrät, dass der Eigentümer von einem Stahlschiff träumt.

Wer sein Schlauchboot „Blowjob" nennt, kann theoretisch gleich drei verschiedenen Personengruppen angehören: a) der Abteilung Witzbolde, b) der Kategorie Partylöwe, der selbst auf dem Wasser mit seiner Virilität protzen muss, oder er gehört c) zur Fraktion der Ahnungslosen, die den fremdsprachlichen Begriff als „Aufpumparbeit" übersetzt.

Vorsicht vor Skippern mit Kabinenkreuzer, dem sie den Namen „WennderSeglergradnichtsegeltschläfteroderswirdwildgevögelt" verpasst haben. Keinen Kontakt aufnehmen! Solche Typen texten einen gnadenlos zu!

Man sollte, bevor man den Lieblingsnamen aufs Traumschiff malt, überlegen, wie der im Seefunkverkehr klingt. Ein Notruf von der Güte: „Mayday, Mayday – hier ist ‚Unsinkbar Zwo' – wir haben Wassereintritt!" klingt schräge und provoziert Lacher zur Unzeit.

Auch der Eigner eines Bootes mit dem Namen „Just for Fun" wird es schwer haben, im Ernstfall per Funk Retter herbeizutrommeln.

Ein Segelkamerad von mir nannte sein Schiff „Hafenverboot" und fand das total lustig. Inzwischen weiß er, dass es bimmeldoof von ihm war. Denn mit dieser Botschaft an der Außenwand bekommt er als Gastlieger in keinem Hafen mehr einen Platz zugewiesen, sodass er immer weit draußen ankern muss. Und der Eigner der Zwölf-Meter-Yacht „Hartz IV" kommt kaum mehr zum Segeln, weil er deswegen ins Visier der Steuerprüfer geraten ist.

Das stolze Segelschiff mit dem Namen „She got the House" verrät, dass dem Skipper die Vorschoterin abhanden gekommen ist. Überhaupt ist Wachsamkeit geboten, wenn Frauen bei der Namensvergabe eine Rolle spielen. Ein Clubkamerad hat mal seiner vermögenden Lebenspartnerin das Pulver für ein neues Schiff aus den Rippen geleiert, indem er ihr versprach: „Ich werde das Schiff nach Dir nennen!" Jetzt heißt das Schiff korrekt „Nach Dir", die Dame ist längst über alle Berge, und an der Schleuse kommt der Trottel immer zuletzt in die Kammer, weil er allen anderen den Vortritt lassen muss. Dumm gelaufen.

Nach intensiver Suche habe jetzt auch ich einen prima Namen für mein Boot gefunden. Sehr gehaltvoll, sag ich mal, verrät alles über mich und schützt mich dadurch vor Verwechslungen. Sollte ich allerdings in die Verlegenheit kommen, einen Notruf aussenden zu müssen, tja, dann dürfte es eng werden. Der Name ist, meinen manche, ein bisschen lang geraten: „HiersauseichmitmeinemBootumdieErdeobichmeineHeimatinseljewiedersehenwerde". Gut, das ist jetzt schwer zu lesen und schwer zu sprechen. Aber ich laufe nicht Gefahr, irgendwo auf den Weltmeeren einem Segler zu begegnen, der auf denselben Trichter gekommen ist. Und besser als „Schatzi" oder „Süße Biene" finde ich meinen Namen allemal …

Psychotricks

Wer gegen die Straßenverkehrsordnung verstößt,
muss gute Argumente haben

Es ist Spätherbst – der Winter naht. Die Utensilien des vergangenen Sommers sind längst im Keller verschwunden, der Grill ist mit dem Hochdruckreiniger behandelt und winterfest verstaut worden. Batterien leerer Rotweinflaschen wanderten in den Container und die Gartenmöbel ins Winterlager.

Die Zeit ist angebrochen für Geistesbildung, Kulturgenuss und Abende in der Volkshochschule. Überall im Lande strömt das Bürgertum in derart fragwürdige Bildungsstätten, um sich seinen Neigungen hinzugeben, um mit kunsthandwerklichem Geschick die Akropolis aus Pappmaschee nachzubasteln. Zugegeben, solche Beschäftigungstherapien können das vierte Lebensquartal durchaus versüßen. Auch der Kurs „Malen mit Qi-Gong-Pinseln" wird gern belegt. Neu im Programm und besonders interessant für Messies: „Entrümpeln mit Feng-Shui".

Vielen Syltern jedoch ist der Weg ins Glück der Selbstfindung und nachhaltigen Herzensbildung verstellt. Dabei hätten sie nichts dagegen, sich jeden Dienstag- oder Donnerstagabend in nach Bohnerwachs riechenden Klassenzimmern vom fragenden zum wissenden

Menschen umklonen zu lassen. Geht aber nicht. Sie müssen zur MPU, zur Medizinisch-Psychologischen Untersuchung! Denn wer auf seinem einzigen Konto mit Guthaben, auf dem Flensburger Punktekonto, achtzehn Zähler oder mehr angesammelt hat, ist zur Nachschulung verdonnert. Es ist zu prüfen, ob der Delinquent trotz zahlreicher Auffälligkeiten weiterhin die charakterlichen Voraussetzungen in sich trägt, aktiv am Straßenverkehr teilzunehmen.

Inquisitorische Fragen harren der Beantwortung: Warum musste die beschauliche Ortschaft Stadum mit einhundertzwölf Stundenkilometern durchrauscht werden? Wieso wurde die rote Ampel in Risum-Lindholm unbeachtet gelassen? Und wie, bitteschön, kamen die Spurenelemente von Kokain ins Blut? In jenes Blut, in dem auch ein Anteil von eins Komma sechs Promille Alkohol gefunden worden ist?

Mit solch einer bußgeldkatalogrelevanten Befragungsorgie kann sich die MPU eines nordfriesischen Autofahrers schon mal vom frühen Vormittag bis in den späten Nachmittag hinziehen. Dabei geht es eigentlich nur um eine Lappalie: Der letzte Autozug musste erreicht werden. Denn wenn auch sonst nichts klappt bei der Bahn, der letzte Sylt-Shuttle verlässt Niebüll jeden Abend pünktlich um zweiundzwanzig Uhr fünf. Da hält der Konzern sich präzise an die Atomuhr. Und darum wird kurz zuvor die Straßenverkehrsordnung von Insulanern oder Anreisenden, ich sach mal so: eher locker interpretiert als streng eingehalten.

Doch achte man bei der Anhörung auf seine Worte! Abzuraten ist von Argumenten wie diesen: „Hör'n Sie mal, Herr Gutachter, diese eins Komma sechs Promille dürfen Sie eigentlich gar nicht anführen. Die Blutprobe wurde ja nicht entnommen, nachdem ich am Straßenverkehr teilgenommen hatte, sondern als ich vom Autozug runterfuhr, also da befand ich mich ja quasi im rechtsfreien Raum." Mit so einem Stumpfsinn kommt man natürlich nicht weiter und schon gar nicht um einen fetten Führerscheinentzug herum.

Besser ist dieser Ansatz: „Ach, übrigens, Herr Gutachter, ich habe da in Wenningstedt ein wunderschönes Appartement mit Meerblick und Wellness-Bereich. Ich lade gelegentlich gute Bekannte dorthin ein. Hätten Sie vielleicht ein gewisses Interesse, ich meine, man könnte ja mal sehen, was sich machen lässt." Wer dabei noch ein gewinnendes Lächeln auf seine poröse Gesichtshaut zu zaubern versteht, der hat gute Karten. Mir ist jedenfalls noch nicht zu Ohren gekommen, dass ein Sylter Autofahrer bei der MPU mal durchgefallen wäre …

Besucherstromzähler

Unangemeldete Gäste riechen schlecht und richten
immensen Schaden an

„… die Tohor macht weit – es kommt …?–!–?? – äh …"
An dieser Stelle setzt verlässlich die Weihnachtslied-
Textschwäche der Deutschen ein. Abrupt. Das Singen
überlassen wir fortan und geflissentlich den Umsitzenden, brummen allenfalls noch eine Dissonanz oben
drauf, schon aus Sympathie mit dem Pastor, der am
Heiligen Abend mit viel Brimborium ein folkloristi-
sches Feuerwerk zu entfachen hat. Leider beschränken
sich Rituale nicht auf den Gottesdienst, nein sie haben
sich bis tief in unseren Privatbereich durchgefressen:
Macht hoch die Tür, die Tor macht weit – Besuch
kommt, natürlich wieder unangemeldet.
Heutzutage entwickeln sich solche überfallartigen
Besuche von Bekannten und Verwandten oftmals zu
einem simplen Straftatbestand mit Opfer und Täter.
Wie aus dem Zivilrecht bekannt und unzählige Male
schon kommentiert, treiben Arglist und niedere
Beweggründe wie Habgier und Triebbefriedigung die
Menschen an, ihren Mitbürgern auf die Bude zu rücken. Oftmals sind Opfer und Täter miteinander ver-
sippt oder verschwägert, was die Sache nicht leichter
macht.

Ich habe meinem sozialen Umfeld den latenten Wunsch, mich zu besuchen, konsequent abtrainiert – so wie man einem jungen Hund beibringt, nicht in die Wohnung zu nässen. Mit Grausen erinnere ich mich an die Zeiten, zu denen ich Depp noch empfangen habe.

Der Ausgangspunkt lag oft schon eine Weile zurück. Ich hatte beispielsweise irgendwann im Herbst mit irgendwelchen Typen zusammengestanden beziehungsweise -gesessen und mich mit alkoholhaltigen Getränken zugeschüttet. Zu einem Zeitpunkt, als Seele, Geist und Körper bereits getrennte Wege eingeschlagen hatten, muss ich dann wohl verbal etwas abgesondert haben, das mit einigem Interpretationsvermögen nach einer Art Einladung geklungen haben mag. Jedenfalls war es nach dem nächsten Bier schon wieder vergessen und am nächsten Morgen sowieso.

Wochen später, endlich hatte ich mal einen Abend freigeschaufelt von Arbeit, sitze ich in Unterhemd und Ballonseidenanzugteil, gern auch als „Video-Wegbring-Hose" bezeichnet, im Wohnzimmer, schneide mir gerade die Fußnägel oder bestelle speichelsabbernd die praktischen Neuigkeiten aus dem Beate-Uhse-Winterkatalog, da klingelt es an der Tür – und zack, ist der Besuch da!

Großes Hallo und Trara, gerade gelingt es mir noch, die Kataloge mit dem Fuß unters Sofa zu kicken und mit der Hand die Fußnägel vom Esstisch zu wischen. Der ungebetene Besuch wedelt mit einem jämmerlichen Strauß Blumen – anscheinend frisch vom Friedhof für den unbekannten Seemann geklaut – und verlangt nach geistigen Getränken. Sehr ärgerlich, denn nun muss ich meinen Bölkstoff mit denen teilen. Bekanntlich soll ein erstklassiger Gastgeber auch warme Speisen anbieten, wenn Fremde die Höhle betreten, das ist eine gute Sitte, die meines Wissens in der Steinzeit entstand. Also schnell eine Buchstabensuppe warm gemacht – das gibt beim Löffeln automatisch viel Gesprächsstoff.

Nun will ich niemanden langweilen mit dem Ablauf solch überfallartiger Visiten. Nur so viel: Wenn du das über Jahre mitmachst und aushältst, hast du irgendwann keine Lust mehr auf Besuch.

Ich bin felsenfest der Meinung, dass das Brauchtum, einander wechselseitig zu besuchen, sich vor Couchtischen sitzend die Eingeweide einzuklemmen und einer gänzlich sinnentleerten Konversation ausgeliefert, ja sogar in sie verwickelt zu sein, zu Recht am Aussterben ist. Oftmals ist der Ort des Geschehens auch noch überheizt, es stinkt nach Kohleintopf, und der Hund pupst unterm Esstisch.

Früher – vor hundert Jahren oder so – waren Nachrichten und Informationen, war das Wissen ganz allgemein noch ungleicher verteilt als heute. Wenn das Bürgertum damals in die Salons einlud, dann gingen die Teilnehmer anschließend beseelt nach Hause, voll neuer Eindrücke, das Leben besser verstehend, motiviert, die Welt zu verändern, die Heilung der Gesellschaft voranzutreiben.

Heute erfahren wir vom Besuch gerade mal, wer mit wem im Golfclub vögelt, wo der Schwarzarbeiter wohnt, der uns preisgünstig das Bad renoviert, und was zu beachten ist, damit das Finanzamt nichts vom Schwarzgeldappartement in Spanien erfährt.

Zu meinem persönlichen Familienclan zählt ein Onkel mit gewaltigem autistischen Potenzial. Der sitzt einfach da und schweigt. Liest Zeitung oder guckt einfach durch dich durch. Sagenhaft. Fragst du ihn, wie das Essen schmeckt, brummt er: „Kann man essen." Und nach Stunden, wenn du ihn fragst, was er denn so mache, den lieben Tag lang, dann erzählt er von seinen Gerichtsprozessen. Dass er es jetzt endlich bis zum Bundesverfassungsgericht geschafft habe mit seiner Müllklage. Der Onkel trennt Müll extrem – daher benötigt er auch keine Restmülltonne. Das allerdings sieht seine Kreisverwaltung anders, und seit einigen Jahren wird geklagt, durch alle Instanzen. So spannend kann das Leben sein.

Ich sach mal so – Verwandtschaft hin, Verwandtschaft her: Ich will das alles gar nicht wissen, was anlässlich solcher Besuche so zusammengequatscht wird. Da ist mir meine Lebenszeit zu kostbar.

Speziell Lotto-Jackpotgewinner berichten ja über einen sprunghaften Anstieg von „spontanen" Besuchen. Eine bizarre Situation: Der frischgebackene Lottokönig baut gerade, wie es üblich ist, mit 500-Euro-Geldbündeln in seinem Wohnzimmer die Berliner Mauer nach, und plötzlich kommen die Müller-Wüpperfürths von nebenan hereingestürmt, weil die minderjährige Tochter unvorsichtigerweise die Wohnungstür geöffnet hat. Die lassen sich doch mit 'nem Bier und ein paar Salzstangen nicht mehr abspeisen.

Übrigens wächst die Zahl derer, die schon wegen ihrer abenteuerlichen Sexualpraktiken unangemeldeten Besuch praktisch gar nicht mehr zulassen können. Stell dir vor, du hast spät abends nichts mehr zu trinken im Haus und klingelst bei den triebhaften Nachbarn im dritten Stock links. Falls die in all ihrer Erregung nun öffnen, kann es passieren, dass sie sich vor Schreck mit den Handschellen verheddern, und der Wohnungsschlüssel rutscht in den Latex-Body. Bis der dann am offenen Schritt wieder rauskommt, bist du schon längst weiter zur Tanke und sitzt mit einem Sixpack nur Minuten später souverän auf der eigenen Couch. Was dieses Beispiel en passant belegt: Mit solchen postmodernen Perversen ist kein geregeltes Nebeneinander möglich.

Die schlimmste Variante ist natürlich der Übernachtungsbesuch. Das bedeutet: die Aufhebung der Intimsphäre. Du liegst des Nachts mit suppentellergroßen Augen knallwach in deinem Bettchen und analysierst die merkwürdigen Geräusche in deiner Wohnung. War das nun die Kühlschrank- oder die Klotür? Weshalb lachen die denn jetzt? Stöhnt da nicht jemand? Kommt der gerade oder geht der schon?

Empfehlenswert ist es dagegen, selbst jemanden zu besuchen. Da kann man sich nach Herzenslust gehen lassen. Schuhe in die Ecke geschleudert, die Hose aufgeknöpft, sich aufs Sofa gelümmelt und launig in die Runde krakeelt: „Na, ihr Heckenpenner, dann woll'n wir mal ein Fläschchen Roten entkorken, was!?"

Oft bewährt haben sich kompromittierende Äußerungen. Kürzlich konnte ich einen beachtlichen Erfolg erzielen, als ich die Gastgeberin in Gegenwart ihres Lebensabschnittsgefährten hinterlistig fragte, was sie mit ihrem geschiedenen Mann nackt in öffentlichen Räumen treibe. Ich hätte die beiden jüngst in der Wikingersauna der „Sylter Welle" beobachtet. Das ratlos-empörte Gesicht ihres Partners und seine anschließende Wortkargheit ließen auf eine sprühende nachbesuchliche Auseinandersetzung hoffen.

Einen wichtigen Hinweis möchte ich noch loswerden: Werfen Sie bei günstiger Gelegenheit einen Blick in den Badezimmerschrank des Gastgebers. Sind da Antidepressiva in größeren Mengen gelagert? Oder eine Schachtel Schwangerschafts-Tests? Oder Kondome mit

Noppen oder Erdbeergeschmack? Klosterfrau Melissengeist weist bekanntlich auf eine versteckte Alkoholabhängigkeit der Dame des Hauses hin. So ein Blick in einen fremden Allibert ist oft aufschlussreicher als alles Wortgeklingel.

Immer wieder kommt es bei Privatbesuchen zu skurrilen Situationen. Einmal bewirtete ich meinen ungebetenen Besuch mit Kaffee und Kuchen. Da verlangte eine schnippisch: „Manfred, könntest du auch ein wenig Kondensmilch dazu reichen?" Ach herrje, so was nehme ich nie nicht. Trotzdem, flugs zum Kühlschrank, mal reingucken, ob da nicht noch so ein Kondensfossil vergangener Epochen herumlungerte. Tatsächlich, in der Kühlschranktür ein Unikat mit Sammlerwert, noch mit einem D-Mark-Preisschildchen ausgezeichnet. Der Deckel war leicht gewölbt – sicher ein gutes Zeichen. Die folgenden Ereignisse lassen sich leicht zusammenfassen: Als mein weiblicher Gast das Gebinde öffnete, war der angenehme Teil der Kaffeerunde schlagartig vorüber …

Ein Besuchserlebnis hat die Entwicklung meiner Persönlichkeit nachhaltig verschleudert. In früher Jugend hatte ich mal eine sehr flüchtige Bekannte im Rheinland. Die schleppte mich spät abends mit zu sich nach Hause. Nun ja, ich war jung und brauchte ein Bett. Sie war ebenfalls jung und bewohnte ein Zimmer im elterlichen Reihenhaus, zu dem man jedoch nur durch das elterliche Schlafzimmer Zugang hatte. Keine architektonische Fehlplanung, wie ich später erfuhr, sondern eine pädagogische Maßnahme der Alten. Folge: Diese fünf Meter von der Schlafzimmereingangs- zur Schlafzimmerausgangstür – vorbei an den unruhig schlafenden Eltern – das zog sich mächtig hin.

Gut, wir kamen dann irgendwann zum Liegen, und sie erzählte mir tuschelnd, dass ihr Vater Hobbyjäger sei und am nächsten Tag zur Sauhatz in die Eifel fahren wolle. Erschrocken fragte ich, ob er womöglich ein Gewehr besäße, was sie stolz bejahte. Sie hakte noch nach, ob ich es denn nicht gesehen hätte, es lag doch frisch geölt und schussbereit neben seinem Bett.

Heute fiele diese flüchtige Beziehung unter die Kategorie „One-Night-Stand, unvollendet". Denn der Gedanke, dass ich an dem von Kimme und Korn, Bachen und Frischlingen, von Ballerei und Halali träumenden Nimrod noch einmal vorbeischleichen musste, raubte mir die dem Begriff „Stand" innewohnende Statik.

Weihnachtsbadewahnsinn

Die letzten Helden der Zivilisation werden gnadenlos mit Glühwein abgefüllt

Zugegeben, ich bewundere sie, unsere tapferen Pinguine in Menschengestalt: Schwimmhäute zwischen den Zehen, der Kreislauf auf acht bis zehn Schläge pro Minute heruntergefahren, die Körpertemperatur reduziert auf frische neunundzwanzig Grad. Jährlich ab September steigen sie um auf Kampfschwimmerdiät, das heißt, sie nehmen ausschließlich Robbenleber, rohen Fisch und gegrillte Eisbärentatzen zu sich. Sie schlafen in der Tiefkühltruhe, und den Tag beginnen sie mit einer Meditation unter der kalten Dusche, das Antlitz Richtung Grönland gewandt.

Sie sind unsere modernen „Eisheiligen". Sie zeugen ausnahmslos Kinder, die hochbegabt sind und zu Olympiasiegern – bei Winterspielen, versteht sich – oder Nobelpreisträgern in Quantenphysik taugen. Eine Arztpraxis oder gar ein Hospital haben sie noch nie von innen gesehen. Sie werden aufgrund ihrer stabilen, nicht zuletzt durchs Weihnachtsbaden gestählten Gesundheit über hundert Jahre alt und empfinden somit das Ausscheiden aus dem Arbeitsleben mit siebenundsechzig als zeitgemäße Form der Frühverrentung.

Das Brauchtum des winterlichen Meeresschwimmens ist für uns Insulaner ein Stück Leitkultur geworden: Möchte ein Sylter eine Sylterin zur Frau nehmen, sollte er nicht nur ein bis zwei Hektar Grund und Boden und ein halbwegs ausgeglichenes Konto vorweisen können. Die Umworbene will auch sicher sein, nicht auf einen Waschlappen hereinzufallen. Ihr gilt eine stete, per Urkunde nachgewiesene Teilnahme am Westerländer Weihnachtsschwimmen als höchste Stufe Sylter Virilität, seitdem die früher üblichen Wirtshausprügeleien an Popularität und Bedeutung eingebüßt haben.

Das hat sich auch schon bis an die Ostküste Schleswig-Holsteins herumgesprochen. Folge: Jetzt soll diese Hardcore-Planscherei sogar akademische Weihen erfahren. Vom nächsten Wintersemester an kann sich der wissenschaftliche Nachwuchs an der Uwe-Barschel-Universität in Kiel für Seminare im Fach „Grönland-Thalasso" einschreiben.

Einige der rund achthundert auf Sylt praktizierenden Homöopathen – auf unserem Eiland herrscht nach neuesten Untersuchungen der Weltgesundheitsorganisation die höchste Heilpraktikerdichte der nördlichen Hemisphäre – biedern sich mit „Eskimo-Ayurveda" an. Dabei werden Darmspülungen nicht mehr mittels lauwarmen Olivenöls verabreicht, sondern mit kantigen Eiswürfeln.

Unzweifelhaft – die Teilnehmer am Westerländer Weihnachtsbaden bilden eine Elite. Sie sind unsere GSG 9, sind unsere Jesuiten, sind unser Askeseadel.

Ihnen gegenüber steht der jämmerliche Rest, die fröstelnden, klappernden und schlaffen Massen – vom Nordic Walker über den Elektrofahrradfahrer bis hin zum lächerlich-infantilen Golfer, einen in karierte Hosen geschossenen Grobmotoriker, der per Metall- oder Holzschläger Grassoden aus Heidelandschaften prügelt. Sinken die Temperaturen unter zehn Grad, schlüpfen solche Pseudosportler aus Angst vor Erkältungen in ihre mit Lammfell gefütterten Winterstiefel und klemmen sich Designer-Ohrwärmer über den Schädel.

Alles Strohsternbastler und Backofenvorheizer, die sich bei Plusgraden zitternd am Glühweinglas festklammern – ausgerechnet am Glühwein, diesem nordischen Folklorepunsch, der die Feiertage regelmäßig in gefährliche Schieflage bringt. Da wird in Hinterzimmern Tütenrotwein übelster Qualität per Tauchsieder, Rübenzucker und Chemiebaukasten zu einem dunkelroten Gebräu verschnitten, das ausreichen würde, ganze Heerscharen Gläubiger in den Kopf- und Weltschmerz zu treiben. Würde der Glühwein gesellschaftlich geächtet, womöglich sogar verboten – die statistische Lebenserwartung allein der Sylter würde garantiert um fünf, sechs Jahre in die Höhe schnellen.

Und was passiert stattdessen? Stattdessen wird das Gesöff den tapferen Weihnachtsbadehelden vonseiten der Kurverwaltung kredenzt, wenn sie schnatternd aus den Fluten steigen. Leute, ich werde das Gefühl nicht los, irgendwas läuft mächtig schief in unserem Land …

Silvesterfeiermüdigkeit

Das Jahresfinale ist zum kollektiven Besäufnis ver-
kommen – ich mach da nicht mehr mit

Komm, hör auf! Geh mir weg mit Silvester – ich hasse
diese zwanghafte Ausgelassenheit. Ich muss mitfeiern,
ob ich will oder nicht. Spätabends, zu nachtschlafener
Zeit brechen die Heerscharen auf Richtung Friedrichstraße und Promenade, mit einer Plastiktüte voller Flaschen quietschsauren Sekts am Handgelenk. Dort wird
jedem herumstehenden Sackgesicht ein gutes neues
Jahr gewünscht, und man selbst wird von wildfremden
Personen abgeknutscht. Und wenn du Pech hast, darfst
du auch noch mit einem explodierenden Knallfrosch
tanzen.

Gegen ein Uhr nachts haben sich die johlenden Hor-
den den Verstand rundgesoffen, wahlweise werden
mithilfe von „Polenböllern" Briefkästen gesprengt,
oder man erbricht sich gegen eine Hauswand in der
Seitenstraße.

Es ist ein komplett würdeloses Tun und Handeln,
abscheulich für Menschen, die eine abendländische
Bildung genossen haben, und sei es nur auf der Grund-
schule.

Ohnedies beobachte ich voller Sorge in unserer Gesellschaft eine Veränderung hin zur Leichtlebigkeit. Die-

ses moderne, rheinisch-katholisch inspirierte „positive Denken" buttert unsere erhabene norddeutsche Schwermut immer häufiger unter.

Mich dem Trend entgegenzustemmen, habe ich den Jahreswechsel diesmal zu Hause begangen. Ich habe mich fein gemacht, habe mir edles Tuch angezogen, ja, ich bin quasi bis an die Grenzen meiner bekleidungstechnischen Möglichkeiten gegangen. Rituale wollen schließlich gepflegt sein. Wenn die junge Generation schon keine Leitkultur mehr anerkennt, ja bitteschön, dann müssen wir Alten eben noch mal ran!

Der Fernseher blieb dunkel, auch das Radio schwieg stille, nur das angenehme Ticken der alten Standuhr vermittelte meiner Gattin und mir das Gefühl, dass die Zeit verrann, und begleitete uns hin zum Jahreswechsel. Wie wunderbar, dass es solche schönen Möbelstücke noch gibt.

Dazu schenkte ich mir ein Gläschen Mineralwasser ein. Von Champagner bekomme ich sowieso immer Sodbrennen. Und später beim Anstoßen sauer aufzustoßen, das ist nicht die Lebensart, nicht der Stil, den ich gutheiße und bevorzuge.

Ich führte mit meiner Frau stundenlange Gespräche – tief schürfende Gedanken wurden hin- und hergewendet: Gibt es einen Gott? Oder gar mehrere außer mir? Und wenn nicht, was dann? Ist die Erde im Universum Mittelpunkt oder nur ein Staubkorn?

Nachdem ich über all diese philosophischen Fragen sorgsam und plausibel doziert hatte, bat mich meine Frau, im neuen Jahr einige Details zu verändern. Beispielsweise sollte ich vorbeitrampelnde Nordic-WalkerInnen-Haufen nicht mehr so zynisch angrinsen, Golfsportlern ein Mindestmaß an Respekt entgegenbringen und Homöopathie nicht immer als Quacksalberei hinstellen. Ich ließ sie wissen, ich würde mal darüber nachdenken.

Gleich nach Mitternacht legte ich eine uralte Vinylscheibe mit Richard-Strauss-Melodien auf den Teller meines Uralt-Plattenspielers mit Abspielnadel, buhlte um die Gunst meines Weibes, und mit Grandezza drehten wir uns in das jungfräuliche Jahr. Wobei der Walzer in Wollsocken mit hohem Acrylanteil allerdings auf unserem hochflorigen neuseeländischen Schurwollteppich das Niveau des Wiener Opernballs knapp verfehlte.

Aber was ist dieses kleine Manko im Vergleich zum Verhalten des Prekariats an den Brennpunkten des Westerländer Silvestergeschehens ...

Grünkohlvariationen

Das Wintergemüse hat den Sprung in die Delika-
tessen-Bundesliga geschafft

Im Februar regiert der Gourmet an der schleswig-
holsteinischen Westküste, denn der Februar ist der
Monat eines nahrhaften, geschmacksintensiven sowie
unglaublich bier- und schnapsverträglichen Gemüses.
Grünkohl ist der Ausdruck der Natur für erlesenen
Geschmack! Darum ist dieses blättrige Gezausel seit
Jahrhunderten auch ein zentraler Bestandteil der Syl-
ter Winternahrung.

Wissenschaftler der Nordstrander Carsten-Harry-
Petersen-Universität haben herausgefunden, dass in
einer Portion Grünkohl – das entspricht einer Pflück-
menge von circa vierhundert Gramm – so viel Ballast-
stoffe enthalten sind wie in zwei Quadratmetern Press-
spanplatte. Diese Messungen beziehen sich allerdings
ausschließlich auf Inselgrünkohl. Für Dithmarscher
Grünkohl wurden ganz andere Werte ermittelt, auf die
ich hier aus ästhetischen Gründen nicht weiter einge-
hen möchte.

Oder ganz schlimm: Oldenburger Grünkohl. Das
Gestrunzel sieht aus wie geschredderte Marsmänn-
chen, hat eine Konsistenz wie Antidröhn-Unterboden-
schutz und schmeckt wie 'ne junge Ziege im Schritt.

Der Sylter Grünkohl jedoch zeichnet sich durch eine hohe Flexibilität aus. Die Vielfalt der Zubereitungsformen kennt keine Grenzen. Jeder Ort, jeder Verein, jedes Restaurant, jeder Freizeitkoch begeistert mit eigenen Varianten, eine kühner als die andere.

In Kampen nahm ich mal an der Weihnachtsfeier des Haus- und Grundbesitzer-Vereins teil, also praktisch an der Einwohnerversammlung. Es gab, man glaubt es kaum, getrüffelten Grünkohl. Dazu schlürfte die noble Gesellschaft Jahrgangs-Champagner. Die Mütze des Kochs hatte Karl Lagerfeld gestrickt, und die Servicekräfte trugen Schürzen von Gucci und Armani. Für den Julklapp war um kleine Aufmerksamkeiten ab drei Karat gebeten worden. Den Festvortrag hielt Bürgermeister Boy Johannsen. Thema: „Kampen zwischen Tagestouristen und Steuerfahndung – Überleben in der Neidgesellschaft".

Sehr beeindruckt hat mich das Grünkohlessen des Sylter „Fördervereins Homöopathie" in Braderup. Jeder bekam sechs grüne Kügelchen. Außer ungewürztem Grünkohlsaft gab es nichts zu trinken, dafür entdeckte aber der Wochenend-Arbeitskreis „Wir schnitzen uns eine Wünschelrute" eine Wasserader unter dem Vereinsheim. Zum Ausklang des heiterbeschwingten Abends legte eine schrumpelige Esoterikerin mit eigenem Fernsehkanal vier Stunden lang Tarotkarten – die Fragen nach Glück, Gesundheit,

Geldsegen und Grünkohlrezepten wollten gar nicht enden.

Als außerordentlich genussvoll wiederum empfand ich das Grünkohlessen des Westerländer Brieftaubenzüchtervereins. Es ist dort eine Tradition von alters her, dass alle zugeflogenen Fremdtauben, die sich aus Dusseligkeit in einen Tinnumer Schlag verirrten, zur Biike verbraten werden. So gab es dann Renntaube „La Paloma", gefüllt mit pürierten Grünkohlstrunken. Leute, eine Delikatesse.

In meiner Familie ist es Sitte, dass ich als Oberhaupt zum Abschluss der Grünkohlsaison spendabel ins jeweils angesagteste Restaurant auf unserer Goldstaubinsel einlade. Das soll momentan der Söl'ring Hof in Rantum sein. Ein Mann namens Johannes King rührt und brutzelt dort und erhielt immerhin zwei blitzende Sterne im Michelin für seine Kreation: „Handgezupfter Grünkohl an mit gewachtelten Eiern gefüllten Austern und geadelt mit einer Idee von terriniertem Landschwein".

Das sollte es sein. Die Vorfreude war riesengroß. Doch leider kam was dazwischen. Ausgerechnet am Vortag des geplanten Ereignisses wies mich mein Kontoführer bei der Sparkasse Nordfriesland – also quasi mein Vormund – eindringlich darauf hin, dass ein Girokonto keine Hängematte sei und ich doch endlich meine ökonomischen Suizidversuche einstellen solle. Ich habe den Termin deshalb bis auf Weiteres verschoben. Die nächste Grünkohlsaison kommt garantiert, und wie ich höre, wird in der Westerländer Cafészene schon an einem Grünkohleis herumexperimentiert. Ich würde es mit Schweinebackenschlagsahne bevorzugen …

Frühlingserwachen

Die Gesetze der Jahreszeiten:
Auf Sylt werden sie regelmäßig ausgehebelt

Kleine Klimakunde für ignorante Inselliebhaber: Frühling auf Sylt ist dann, wenn die Cabriofahrer morgens um zehn mit der Platin-Card ihrer Privatbank den Raureif von der Windschutzscheibe kratzen und wenn sie anschließend die Sitzheizung ihres Boliden derart hochjagen, dass in der sich über dem Auto bildenden Thermik Segelflieger locker auf zehntausend Fuß steigen können.

Frühling auf Sylt ist auch, wenn wir einerseits in den Schaukästen der Spitzenrestaurants ausgefallenste Lammkreationen angeboten bekommen, wir uns andererseits wie Kinder an den putzigen Lämmern auf Koppel und Deich erfreuen. Das eine mit dem anderen in keinen gedanklichen Zusammenhang zu bringen, diese Sylter Nulldialektik ist vom Feinsten.

Frühling ist ferner dann, wenn wir eine Radtour nach List machen wollen, der Wind jedoch mit Stärke sechs bis acht, in Böen zehn aus Nordwest bläst und uns ungebeten rückwärts nach Hörnum schiebt.

Als weiterer sicherer Frühlingsindikator gilt bei uns, wenn die Meteorologen verführerische dreiundzwanzig Wärmegrade am Oberrhein melden, der führende schleswig-holsteinische Wetterexperte Meeno Schrader uns aber nur vier Grad mit peitschendem Regen von der Seite spendiert. Frühling auf Sylt ist demnach auch, wenn die Natur in ganz Deutschland bereits erwacht ist und prunkvoll in Blüte steht, bei uns aber noch nicht einmal die Krokusse durch die Erdkruste lugen.

Die Menschen indes wollen es nicht wahrhaben. Unverdrossen stehen die ersten Badegäste der Saison in List am Hafen, ignorieren die Wetterkapriolen und weisen stumm auf den Kalender. Frühlingsgerecht sind sie in ihre italienischen Schuhe geschlüpft, die mit den öko-membrandünnen Ledersohlen. Obenrum muss ein hippes Versace-Hemd reichen. Die Typen frieren dann, die klappern dermaßen, dass sie beiläufig die gesamte Kohlensäure aus ihrem Gosch-Sekt „brut" rütteln.

Und wenn südlich der Mainlinie in den sonnenwarmen Schrebergärten gegrillt wird, was die Gammelfleisch-Mafia gerade günstig liefert, liegt bei uns die gefühlte Packeisgrenze oft noch auf Höhe Pellworm. Rückzug der Arktis, Abschmelzen der Gletscher? Auf Sylt warten wir meist vergebens darauf. Nach uns streckt das ewige Eis die Fühler aus.

Aus all diesen Gründen müssen wir uns zwangsläufig mit der Hoffnung auf einen schönen, warmen und trockenen Sommer trösten. Sommer auf Sylt ist dann, wenn die Schlange vor der Bäckerei so lang ist wie einst vor der Deutschen Botschaft in Prag. Sommer auf Sylt ist dann, wenn der Strand voller Menschen ist, sich aber keiner ins Wasser traut, weil dort Quallen mit ihren nesselnden Tentakeln lauern.

Sommer ist, wenn du als Fußgänger schneller bist als jeder rote Ferrari, weil die im Dauerstau vor Kampen stehen.

Hochsommer ist, wenn du am FKK-Strand stehst, versehentlich an dir herunterschaust, dein Augenpaar aus Scham blitzartig gen Himmel drehst, sodann den Blick linkisch auf die Konkurrenz lenkst und denkst: „Guck an, Gott hat also doch Humor …!"

Sommer auf Sylt ist aber auch, wenn du abends über die Promenade schlenderst, Windstille, milde zweiundzwanzig Grad, das Abendlicht bricht sich im Rotweinglas, von der Musikmuschel perlt eine Chopin-Melodie herüber, das silbern schimmernde Wasser wird nur sanft von vorbeiziehenden Schweinswalen bewegt. Draußen, querab, zwei Krabbenkutter, der Fischer holt die Netze ein.

Ende Juni im Norden der Insel – es will partout nicht dunkel werden. Das sind die weißen Nächte von Kampen, legendenschwer. Eine leichte Brise kommt auf und trägt den Duft der Kamtschatka-Rosen bis zum Meeressaum. Das ist die Nacht der Nächte: Wer jetzt schläft, hat schon verloren …

Geben Sie's zu: Mit einem so versöhnlichen Schluss hätten Sie jetzt nicht gerechnet, oder?

Flanierraupen

*Hilfreiche Tipps für die Feiertagsspaziergänge zum
Jahreswechsel*

Konfuzius sagt: Gelassenheit möge unser Leben bestimmen. Danach kommt alles andere von alleine. Was
bedeutet diese ostasiatische Bagatellweisheit in unserer
zivilisierten Gesellschaft?
Regel 1: Setz dich erst einmal hin und atme aus! Schalt
einen Gang runter! Vergiss die sechsundvierzig Fern-
sehprogramme und den ganzen Dudelfunk. Genieß
die Stille! Schau doch mal, wie die Nadeln deines Tan-
nenbaumes glücklich hernniederrieseln. Ja, ich weiß, du
wolltest keinen Christbaum dieses Jahr. Die sind ja
wirklich teuer geworden.
Doch Preise sind relativ. Dein Weihnachtsbaumförster
in Dänemark hat gewiss lange mit sich gerungen, ob er
statt der Nadelbäume nicht besser Raps anbauen sollte, für Biodiesel. Daraus folgt: Auf demselben Acker,
auf dem dein Baum gedieh, hätte der Raps null Komma acht Liter Biodiesel erbracht. Diese Menge wiederum hätte gerade gereicht, mit deinem Automobil bis
zum Weihnachtsbaumhändler und zurück zu fahren.
Der Haken: Es wäre gar kein Baum für dich da gewesen. Den hättest du dann ja anstelle des branchen-
üblichen Tigers im Tank – quasi. Also bleib gelassen

und schau auf deinen prachtvollen Weihnachtsbaum! Im Januar kannst du ihn ja immer noch durch den Kamin jagen.

Nächste Maßnahme zur Entschleunigung: Mach doch am Neujahrstag, nachdem du das Konzert der Wiener Philharmoniker persönlich vor der Fernsehkiste dirigiert hast, mal einen erholsamen Spaziergang. Aber nicht so flott, eher dynamisch. Das Fortbewegungstempo möge so zwischen Bummeln und Schlendern pendeln. Und dabei immer tief durchatmen.

Der erste Tag des neuen Jahres ist wie kein zweiter geeignet, auf Boulevards und Promenaden zu flanieren, andere Passanten herablassend zu grüßen, eine Augenbraue kurz anzuheben und ein Lächeln anzudeuten. Mehr nicht, das reicht. Das Gegenüber soll nicht sicher sein, ob das nun ein Gruß war beziehungsweise, wenn ja, ob er ihm überhaupt gegolten haben mag. Schon bist du in der überlegenen Position.

Ziel ist, Konversation zu vermeiden. So etwas bringt nichts. Holt dich doch mal jemand überfallartig aus deinen Denkschleifen, führe den Dialog mit Geschick! Die Kurzkonversation im öffentlichen Raum ist eine Kunstform, die nur wenige beherrschen, und sie unterliegt Regel 2: Bewahre einen gehörigen Abstand zum Gegenüber und flöße ihm so unmerklich Respekt und Niveau ein. Rede gelangweilt, aber frag scharf nach, sobald der andere eine offene Flanke bietet oder schlichtweg dummes Zeug redet. Das erleichtert kurze Zeit später den Ausstieg aus dem notgedrungenen Gespräch. An Neujahr empfiehlt sich an dieser Stelle der Satz: „War nett, Sie getroffen zu haben. Aber die Silvesterfeier haben Sie offenbar noch nicht ganz verkraftet. Prosit Neujahr!" Die Reaktion sollten Sie auf keinen Fall abwarten, sondern das Flanieren zügig wieder aufnehmen. Ehe dem anderen eine passende Antwort einfällt, sind Sie schon zehn Meter weiter – als klarer Punktsieger!

Im Prinzip, das gebe ich zu, ist es nicht das Schlechteste, das Leben zu zweit zu durchwandern. Unsere genetische Disposition gibt das ohnehin vor, und also sollten wir den Weichenstellungen der Evolution folgen. Der Flaneur bildet eine Ausnahme. Er ist sich selbst genug.

Gut, es gibt Glücksfälle. Manche Paare haben in Jahrzehnten füreinander eine derartige Sensibilität entwickelt, dass sie sogar im Takt miteinander flanieren können, getragen von der Kraft der Nähe und der Zuneigung, wenn es sein muss, wortlos über Stunden, Blicke allein genügen, man ist sich nah und doch jeder bei sich.

Spazieren gehen ist die kleinbürgerliche Stiefschwester des Flanierens. Sich dickbäuchig und bräsig über Deiche und durch Fußgängerzonen schieben, mit jedem hergelaufenen Hansel dampfplaudern und am

Ende fette Torte vom Konditor nach Hause tragen, obwohl die Oberschenkel sich schon aneinander wund reiben, das, Regel 3, geht gar nicht.

Wäre das Bummeln oder Schlendern eine Alternative für alle ohne Flaniertalent? Dabei besteht die Gefahr, dass auch Geist und Sinne ins Schlendern und Bummeln geraten. Den geschulten Flaneur treibt beispielsweise permanent die existenzielle Frage um, was denn nun die Welt zusammenhalte – mit solchen Fragestellungen aber vermag der gemeine Schlendrian und Bummelant beim besten Willen nichts anzufangen. Das macht den Unterschied!

Der Flaneur ist auch nicht abgeneigt, mal in einem ästhetischen Automobil herumzugondeln, etwa mit einem kleinen englischen Sportwagen hinauszufahren aufs Land, um dem Gestüt des befreundeten Grafen eine Visite abzustatten und sich beim gemeinschaftlichen Teegenuss auf der Veranda im britischen Kolonialisten-Style an alte Zeiten als Rallyefahrer zu erinnern. Allerdings bevorzugt er Automobile mit nicht-synchronisiertem Getriebe. Die Kunst, sich mit dem wurzelholzveredelten Schalthebel eine den wechselnden Geschwindigkeiten gemäße Übersetzung zusammenzustellen, beherrscht er mit nachgerade adliger Virtuosität.

Flaneure können also beileibe nicht nur zu Fuß gehen.

Regel 4: Am Abend sucht der Flaneur das Theater auf,

besser noch: den Konzertsaal, oder, im Ausnahmefall, die Kleinkunstbühne. Er sitzt am Rande, lächelt milde, wenn ein Schauspieler patzt, lacht, wenn eine Kabarett-Pointe einschlägt, und stoppt den Atem, wenn das Piano Präludien perlt. Am Ende schenkt er den Künstlern einen warmen, herzlichen, aber auch gönnerhaften Applaus. Selbst wenn die Darbietung unter seiner Würde war, klatscht er – etwas leiser, etwas kürzer.

Flanieren ist nicht nur edle, flüssige Bewegung, es ist Lebensstil. Gern sucht der Flaneur zwischendrin ein Restaurant auf. Doch aufgepasst: Nicht jeder Laden, Regel 5, eignet sich! Ein Tisch in der Ecke – fernab von Türen, die ins Freie, zu den Toiletten oder in die Küche führen – mit freiem Blick in den Raum ist unverzichtbar. Der Tisch darf keine Ausmaße haben, die es Fremden ermöglichten, sich dazuzugesellen. Das käme der Verletzung der Privatsphäre des Flaneurs gleich.

Da er selbst mobile Telefone verachtet, erwartet er von den übrigen Restaurantbesuchern, dass sie ihr Gerät ausgeschaltet haben. Im Großen und Ganzen aber bildet Toleranz das Fundament seiner Gelassenheit.

Würden allerdings an Nebentischen sogenannte Gespräche in einer Lautstärke geführt, die ihn zwänge, den kruden Gedankengängen derer dort zu folgen, würde seine Duldung abrupt enden. Mit einer knappen, nur angedeuteten Kopfbewegung würde er den Wirt zu sich zitieren und ihn wissen lassen, dass er die neunzehn Punkte im „Gault-Millau", jenem höchst angesehenen Reiseführer für Genießer, wohl beim Dosenwerfen auf dem Münchner Oktoberfest gewonnen habe. Und nach der Rechnung verlangen.

Überhaupt nicht in Betracht kommen Lokale, die mit Radiomusik beschallt und damit auf das Niveau einer südenglischen Bingohalle heruntergezogen werden. Der Flaneur würde im Rahmen der Eingangstür wie angewurzelt verharren, würde mit den Augen rollen, um seiner Abscheu Ausdruck zu verleihen, und auf dem Absatz kehrtmachen. Dieser Abgang, dieses Verlassen einer vulgären Stätte voller Parvenüs geschähe in Würde, von einer Art, Regel 6, wie andere sich bei König Gustav den Nobelpreis abholen.

Fassen wir noch einmal kurz zusammen, was ich mit diesen Schilderungen der Bedürfnisse und Attitüden von Flaneuren habe sagen wollen: Falls ich in diesen Tagen zum Jahreswechsel mal über die Promenade oder durch eine unserer Prachtgassen flaniere, dann möchte ich nicht ständig angerempelt, geknufft und schultergeklopft werden. Und am Glühweinstand will ich keine lauthals vorgetragenen Darmspiegelungsschilderungen ertragen müssen. Flaneure mögen so etwas nicht.

Fahrradtourentrübsinn

*Es gibt Freizeitbeschäftigungen, die lehne ich glatt
ab – aus gutem Grund*

Also, jetzt mal frank und frei heraus mit der Provoka-
tion: Radfahren ist überhaupt nicht mein Ding! Dieses
elendige Weichei-Geschaukel! Nach unten treten,
nach oben buckeln – da hätte ich doch damals gleich
als Ticketdealer bei der Bahn bleiben können.
Jedes Mal, wenn ich den Autoschlüssel vom Haken
pflücke, um zum Kiosk oder zur Tanke zu gondeln,
werde ich von meiner Frau gnadenlos mit den drögen
Öko-Argumenten zugeballert. Ob denn mein Umwelt-
gewissen das überhaupt zuließe, zweieinhalb Tonnen
britischen Stahl mit Hilfe fossiler Energien um die
Ecke zu bewegen, nur um ein Sechserpack Dosenbier
ins Haus zu schaffen? Damit machte ich mich mit-
schuldig daran, dass die Polkappen abschmölzen und
Dutzende drolliger Eisbärenbabys ersöffen.
Das sind natürlich Argumente aus der Mottenkiste von
Ökobauer Baldur Springmann, der vor fast dreißig Jahren sein Unwesen trieb. Damit gebe ich mich gar nicht
mehr ab. Allerdings räume ich ein: Mein Fahrrad-
verdikt gilt nicht für jedermann. Dass die Urlauber
hier mit dem Rad herumfahren, finde ich total in Ordnung. So haben wir Einheimischen einerseits die Stra-

ßen für uns und können andererseits cool im Café lümmeln, um den strampelnden Kleinrudeln hinter-herzuschauen.

Die Hackordnung ist festgelegt, spiegelt aber meist nicht die tatsächlichen Machtverhältnisse innerhalb des Familienverbundes. Der Vater fährt mit dem Sohn, dem Stammhalter, voraus. Beide auf Mountainbikes, zusammengelötet aus edelsten Komponenten. Der Rahmen ist aus Carbon gefertigt, wie die Teflonpfanne ein Abfallprodukt der Weltraumforschung. Dieses Fahrrad verglüht also nicht, wenn es in die Erdatmo-sphäre eintaucht. Und welcher Radfahrer hätte diese Sorge nicht? Der Bengel hat sich einen Zeitfahrerhelm auf die Birne geschnallt, hartschalummantelter Styro-por-Körper, absolut olympiatauglich.

Bei den restlichen Teilnehmern des Konvois wird auf Qualität weniger geachtet als auf Optik. Die fünfjähri-ge Tochter strampelt sich auf einem bonbonfarbenen Kleinrad ab, mächtig stolz darauf, ihre erste Fahrt ohne Stützräder vor Publikum absolvieren zu dürfen. Mit ihrem quietschgelben Fahrradhelm sieht sie aus wie ein Pfifferling auf Ecstasy. Zwanzig Meter dahinter folgt die Mutter, eine marienhafte Erscheinung, in meditatives Phlegma versunken, glücksschwebend. Widrigkeiten wie nur halb aufgepumpte Reifen oder knatternden Gegenwind scheint sie gar nicht wahrzu-nehmen.

Nun wird sich mancher zu Recht fragen: Was kann man gegen diese urige, gesundheitsfördernde Art der Fortbewegung einwenden? Ich will es Ihnen verraten. Meine kritische Distanz zum Radfahren entstand vor rund zwei Jahren. Wir radelten von Westerland nach List, um den jungen Matjes im Rahmen eines ballernden Volksfestes zu begrüßen. Kurz hinter Kampen spürte ich, dass mein Sattel sich offenbar gelockert hatte und andauernd nach vorne kippte. Kein Problem, dachte ich, bremste, stieg ab, nahm mein Bordwerkzeug zur Hand und knallte den Sattelbolzen so fest, dass er mit einem halblauten, trockenen und nachhallfreien Geräusch brach.

Da stand ich plötzlich in herrlichster Natur mit'm abben Sattel. Und in List warteten Fischdelikatessen, Bratkartoffeln, Tanz, Gesang und kaltes Bier. Was nun? Schieben? Quatsch, viel zu weit! Auf den Bus umsteigen? Dazu war ich zu stolz. Zurück nach Hause? Erstens war das mindestens genauso weit und ich zweitens hungrig sowie drittens durstig. Also bin ich quasi im Stehen weitergefahren, also auf den Pedalen stehend, denn auf dem lustig zwischen meinen Beinen herumschlackernden Sattel konnte niemand mehr Halt finden. Nur wenn mir andere Radfahrer oder Spaziergänger entgegenkamen oder ich sie überholte, hielt ich, um die äußere Form zu wahren, den Wackelsattel mit der Ritze meines Hinterns fest und rollte freundlich grüßend an ihnen vorbei – mit einer Körperhaltung wie auf einem südosteuropäischen Hock-Klo.

Nach dieser Exkursion zum Lister Matjes-Festival beschloss ich, meine Karriere als Radfahrer stante pede zu beenden. Wie viele meiner guten Vorsätze hielt auch dieser nicht lange. Dabei hat sich meine prinzipielle Antipathie nicht gewandelt. Die Narbe wegen der Sattelnummer schmerzt noch.

Warum ich mich jetzt trotzdem wieder aufs Rad schwinge? Weil meine Frau neulich damit drohte, uns zum Golfkurs anzumelden. Wir würden uns zu selten an der frischen Luft bewegen: Solche und ähnliche Argumente hatte sie auf Lager. Aber Golf spielen? Ich in karierten Büxen auf einem antiseptisch kurz geschorenen Grün? In diesem Leben nicht mehr!

Dann lieber Rad fahren ohne Sattel, meinetwegen sogar ohne Lenker und ohne Rücklicht – das geht ja sowieso dauernd kaputt ...

Gehirnjogging

Die wenigsten wissen, dass es entscheidend ist, ob
man über links oder über rechts denkt

Mein aufgeweckter Neffe Moritz fragte mich neulich,
wie es denn angehen könne, dass Deutschland als rei-
ches Land bezeichnet werde. Wir hätten doch weder
Ölquellen wie die arabischen Länder noch Opium-
felder wie die Afghanen, noch existierten wir davon,
dass wir alle Schwarzgelder dieser Welt horten wie
unsere Schweizer Freunde. Ich lächelte vergnügt und
flötete: „Das hast du fein beobachtet und klug gefragt.
Gerne will ich dir deine Frage beantworten. Die wirt-
schaftliche Kraft und den Wohlstand verdanken wir
einzig und allein dem Fleiß und der Kreativität unserer Ingenieure." Moritz blickte mich ungläubig an.
Deshalb schob ich gleich ein plastisches Beispiel nach:
„Das funktioniert so: Wir Deutschen kaufen irgendwo
in der Welt billig Eisenerz ein. Das schmelzen wir ein
und fabrizieren daraus dann Porsche Cayennes, Wind-
kraftanlagen oder Unterseeboote. Die wiederum verkaufen wir für teures Geld in alle Welt. Wenn du nun
von dem Erlös für diese Hightech-Produkte die Kosten
fürs Eisenerz und den Lohn für Arbeiter und Ingenieure subtrahierst, dann bleibt noch eine ganze Menge
übrig. Das ist der sogenannte Gewinn." Zufrieden mit

mir selbst blickte ich meinen Neffen an. Doch der hatte schon die nächste Frage ausgebrütet: „Und was machen wir damit?" „Das hauen wir raus für Opernhäuser, Sandaufspülungen, Sozialleistungen und Banken-Rettungsfonds."

Meines klugen Neffen Augäpfel begannen zu leuchten: „Wenn nun alle Menschen in Deutschland Ingenieure würden, käme doch unermesslicher Reichtum über uns, oder?" „Fürwahr eine betörende Idee", erwiderte ich. „Es scheitert jedoch daran, dass nicht jeder das Zeug zum Ingenieur hat. Dafür braucht es eine starke linke Gehirnhälfte. Mathematik, Logik, Präzisionsarbeit, Detailverliebtheit und forscherische Versessenheit sind dort angesiedelt und müssen unablässig trainiert werden. Aber wir Deutschen ticken ganz anders. Unsere Jugend möchte mehrheitlich Superstar oder Topmodel werden oder will gleich eine steile Hartz-IV-Karriere hinlegen. Der Rest versucht es mit Online-Poker oder Komasaufen. Die linke Gehirnhälfte wird dafür gar nicht benötigt und trocknet zügig aus."

Moritz jedoch mochte noch nicht aufgeben: „Und alle die mit einer starken rechten Gehirnhälfte, was können die?" Ich stöhnte verzweifelt auf: „Das sind die Kreativen. Sie werden Künstler, drapieren Holzhaufen und klobige Betonklötze in Fußgängerzonen und behaupten, damit würden Liebe und Verzweiflung ausgedrückt. Andere werden Pastoren und predigen Nächstenliebe, welche über das Böse siege. Wieder andere werden Psychologen, die einem erzählen, dass man nicht verzagen solle, weil sicher irgendwo auf dem Globus jemand sei, der einen liebt."

Moritz wirkte ein wenig verunsichert, fing sich aber schnell wieder: „Sach mal, Onkel Manfred, Sylt wird doch als Insel der Superreichen bezeichnet. Haben wir hier denn so viele Ingenieure?" Ich lachte schrill auf: „Nein, mein Junge, wir haben Kurdirektoren. Dieser Beruf ist so ziemlich das genaue Gegenteil von dem der Ingenieure. Außerdem haben wir auf Sylt Heerscharen von Jongleuren, Gauklern, Musikanten, Erlebnisgastronomen, Fernsehmoderatoren und Sommeliers, also alles Bescheidwisser, bei denen die rechte Gehirnhälfte kalibriert, während die linke verödet ist."

„Finde ich nicht schlecht", meinte Moritz altklug, „dann reicht es fürs Leben also, wenn man nur über rechts denkt. Richtig?" „Das ist noch nicht abschließend geklärt", wand ich mich. „Nehmen wir deinen Fall: Dein Berufspraktikum hast du bei einer Tai-Chi-Lehrerin gemacht, Mathe und Physik hast du frühzeitig abgewählt, hast dein Abi mit guten Noten in Sport und Ethikkunde gewuppt, und beim Leistungskurs Kunst hast du Michelangelos David mit Legosteinen nachgebaut. Was willst du eigentlich mal werden?"

Mein Neffe hatte darüber anscheinend schon nachgedacht: „Also, Ingenieure, die Westerland mit Wolkenkratzern verschandeln wollen und die Statik für Sporthallen zusammenschustern, deren Dächer einknicken, haben wir ja schon genug. Ich glaub, ich versuch's mal mit Haschischanbau auf'm Balkon – auf deinem zum Beispiel, den benutzt du doch praktisch gar nicht, oder, Onkel Manfred?"

Googlemania

Seit Kurzem bin ich sicher, dass die Suchmaschine
es gut meint mit uns Menschen

Vergangene Woche, so gegen elf Uhr vormittags: Ich hatte mir gerade die verklebten Augen aufgerissen, was stets das Geräusch sich öffnender Klettverschlüsse verursacht, und zu frühstücken begonnen, da klingelte es ohrenzerreißend an der Haustür. Ich schlurfe los, öffne und denke schlagartig: Du wärest besser sitzen geblieben.

Steht da ein Typ, behängt mit acht Fotoapparaten, grinst mich an und brüllt: „Good morning, Sir. Mein Name ist Larry Page, ich bin der Begründer von Google und möchte, bitteschön, Ihre Wohnung fotografieren, und zwar promptly."

Ich verschluckte mich an dem bereits gemörserten Bissen meines Honigbrötchens, hustete sterbenselend ab und japste: „…tschulligung, aber ich hab noch gar nicht aufgeräumt. Können Sie nicht heute Nachmittag noch mal …?" Doch der Typ hatte sich schon an mir vorbeigedrängt und fing im Handumdrehen an, herumzuknipsen, zuerst den Frühstückstisch. Dabei sparte er nicht mit Kommentaren: „Nutella, Mortadella und Fruchtzwerge – feinstes Unterschichtenfrühstück. Das, lieber Herr Degen, hätte ich Ihnen echt nicht zugetraut. Andererseits, wenn man weiß, was Sie sich alles für merkwürdige Produkte im Internet bestellen, dann passt das ja auch wieder."

Noch bevor ich angemessen reagieren konnte, baute der Typ sich vor meiner Bücherwand auf und fotografierte die bibliophilen Staubfänger, erneut begleitet von hämischen Bemerkungen: „Mein lieber Scholli, diesen ganzen Quatsch haben Sie gelesen? Da ist ja Trivialliteratur ein schützenswertes Kulturgut dagegen. Ich gebe Ihnen mal einen guten Rat: Die Hälfte davon können Sie in die Tonne treten. Allein diese blauen Bände, ha! Merken Sie sich, Sie Salonsozialist: Der Marxismus ist ein für alle Mal gescheitert. Und es würde mich nicht wundern, wenn Sie dazu einen ansehnlichen Beitrag geleistet hätten."

Eines musste ich dem Eindringling lassen: Schüchtern wirkte er nicht. Inzwischen war er am Kühlschrank angelangt, riss ihn auf und wich entsetzt einen Schritt zurück: „Um Gottes Willen – das glaube ich jetzt aber nicht." Dann drückte er klackend auf den Auslöser, x-mal. Ich konnte mich nicht mehr dazwischenwerfen.

Gut, ich räume ein, dass dort eine ansehnliche Zahl kalter Hopfengetränke lagerte, war aber bislang davon überzeugt, dass das irgendwie meine Privatangelegenheit sei. Doch Mister Page trat auf wenige Zentimeter an mich heran, lächelte schief und meinte: „Warten Sie mal ab, was Ihre Krankenkasse sagt, wenn die zukünftig mit unserer Hilfe Versichertenprofile erstellt."

Opposition war offenbar zwecklos. Schon nahm der Eindringling Einzelteile aus meinem Delikatessenlager unter die Lupe: „Hier: abgelaufenes Haltbarkeitsdatum auf dem Dosenfisch. Und hier, auf der Marmelade: Die Adresse des Herstellers hat ja noch eine vierstellige Postleitzahl – Mann, Mann, Mann! Unter uns, Herr Degen, haben Sie ein finanzielles Problem, haben Sie sich verzockt? Sie scheinen ja einen recht lockeren Lebensstil zu bevorzugen. Na ja, ich denke, dafür wird sich die Schufa brennend interessieren."

Weiter ging's. Nun war das Schlafzimmer an der Reihe. Der Googelist knipste die verwühlten Betten, hielt die Grafiken, Drucke und Fotos an der Wand bildlich fest, die ich persönlich eigentlich immer als Belege für meine liberale Geisteshaltung, für Freizügigkeit und stilvolle Hocherotik begriffen habe. Nachdem der Boss von Google alles genüsslich digitalisiert hatte, schien er grundzufrieden. Er bedankte sich wortreich und prophezeite, dass meine Behausung erstklassige Chancen besitze, zum Renner im weltweiten Netz zu werden: „Zehntausend Klicks pro Tag liegen drin."

Zaghafte Abwehrversuche meinerseits erstickte der Mann im Keim: „Nun haben Sie sich mal nicht so! Sie müssen das positiv sehen, Herr Degen. Sie wollen doch volle Häuser bei Ihren Kabarettabenden haben. Da kann ein bisschen Werbung im Internet wirklich nicht schaden …"

Amerikanisierungstendenzen

Weshalb Sylter sich von den Vereinigten Staaten
magisch angezogen fühlen

Den blutjungen Sylter zieht es wie seine Vorfahren
hinaus in die Welt. Manche kommen zwar nur bis Klix-
büll oder Büttenwarder. Anderen indes gelingt auf
Anhieb der Sprung über den Atlantik, früher mal als
„Großer Teich" apostrophiert. Sie wechseln für ein Jahr
als Austauschschüler nach Amerika. Mit Pickeln im
Gesicht, Zahnspange im Mund, die Hosen auf halb
acht, so machen sich die pubertierenden Nachwuchs-
insulaner auf die Reise. Die ersten Telefonate von drüben verlaufen schluchzend und tränensatt, noch voller
Heimweh. Im folgenden Sommer dann kehren sie
zurück, wie ausgewechselt, voll innerer Reife, blen-
dend aussehend, sportlich, lässig, cool, so treten sie aus
der Flughafenhalle am Tinnumer International Air-
port: „Hey man, it's nice to be back in good old Ger-
many. Please carry my beautycase to the hotel, hurry
up!"
Nun, dieses Verhalten ist nicht ganz neu, sondern über-
liefert. Schon vor rund dreihundert Jahren heuerten
Sylter Knaben im zarten Alter von zwölf oder dreizehn
Jahren auf Walfangschiffen an. Die meisten stiegen
zügig auf vom Decksjungen zum Ersten Offizier, zum

Steuermann, zum Kapitän. Sie verschacherten Sklaven für die Baumwollfelder Alabamas, sie fuhren dahin, wo der Pfeffer wächst und die Ukulele weint. Andere junge Sylter wurden Missionare und bekehrten, dem Herrgott zum Erstaunen, fröhliche Asiaten zum lustfeindlichen Protestantismus norddeutscher Prägung.

Wohlhabend heimgekehrt, heiratete der Insulaner seinerzeit ein kompaktes Friesenweib, das ihm einen Schwung Kinder gebar. Er mutierte zum Deichgrafen oder Landvogt und träumte von der Ferne, etwa von hawaiianischen Prinzessinnen in Baströcken, die ihm anmutig lächelnd Kokosnüsse aufschlugen und zum Genusse reichten.

Ja, die starke Amerika-Affinität der Inseln Sylt, Föhr und Amrum kommt nicht von ungefähr. Sie ist historisch bedingt und führt bisweilen zu zwanghaftem Verhalten. Weshalb sonst sollte ein heimatverbundener Keitumer Klöppelverein auf die absurde Idee kommen, nach New York zu fliegen, um mit der Steuben-Parade durch die Häuserschluchten zu latschen? Weshalb sonst sollten wohlhabende Morsumer Vermieter mit ihrem überschüssigen Mammon Häuser im hurrikangefährdeten Florida erwerben und mit unkoordiniertem Golfspiel die Alligatoren aus den dortigen Sümpfen vertreiben? Doch nicht deshalb, weil Bill Gates das Vorbild aller Sylter Vermieter ist. Schließlich hat der auch mal mit 'ner Garage angefangen.

Wenn andersherum heute Amerikaner die Königin der Nordsee besuchen, sind sie schnell entzückt und sagen: „Well, it's very lovely, it's just like Martha's Vineyard!"

Dieser Vergleich mit dem ostamerikanischen Reservat für Superreiche ist schmeichelhaft, aber doch überzogen: Allein schon der Promifaktor differiert gewaltig. Namen wie Rockefeller, Kennedy, Spielberg und Schwarzenegger stehen dort auf den Türschildern. Lachnummern gegen unsere A-Prominenz, angefangen mit Karl Dall und Wolfgang Schäuble, über Mike Krüger und Reinhard Mey bis hin zum berühmtesten Rotzlöffel der EU, Dieter Bohlen. Das ist doch ganz andere Ware!

Der neueste Modetrend in der Sylter Szene ist übrigens die geplante, vorsätzliche, inszenierte amerikanische Staatsangehörigkeit für die eigenen Kinder. Das geht so: Im April wird das Kleine angesetzt, sodass die Gattin noch easy das sommerliche Vermietgeschäft abwickeln kann. Gegen Halloween landet man dann in the USA. Der Bauch wird under the Sun of California rund, und im Januar kommt der kleine Friese drüben als Yankee zur Welt. Zur Biike mit Grünkohlessen und Schnapsgelage sind Mother and Child dann wieder auf der heimischen Insel.

Warum das alles? Nun, wenn die Kinder später einmal rübermachen wollen, dann brauchen sie nicht an der unwürdigen Greencard-Lotterie teilzunehmen, diesem internationalen Unterschichten-Event. Sie klatschen dem Immigrations-Officer ihren Stars-and-Stripes-Passport auf den Tisch und rufen lässig: „Hello, America, I am back!"

Bücherschrankreinigung

Wer aufräumt, sündigt nicht – das Oberhaupt der
katholischen Kirche tut's auch

Neulich bekam ich von einem Bekannten eine Postkarte aus Rom. Abgebildet war der Petersplatz, und im Grußtext behauptete der Absender: „Unsere Audienz beim Papst ist leider geplatzt. Zur Entschuldigung ließ Ratze ausrichten, er müsse heute mal seinen Keller aufräumen und hätte deswegen keine Zeit." Ich fand das ganz lustig und zeigte die Karte meiner Gattin. Die las, blickte mich streng an und zischte nur: „Das solltest du auch mal machen!"

Gestern habe ich damit angefangen. Meine Frau hatte schließlich recht. Es musste einfach mal sein. Angefangen habe ich aber dann doch erst mal mit der Wohnung. Nun soll keiner denken, bei mir sähe es aus wie bei einem „Messie", bei einem krankhaften Vermüllungstalent also, das alles heimschleppt und aufbewahrt, dessen es kostenlos habhaft werden kann. Unsere Wohnung sieht auch nicht aus wie in der Flower-Power-Pop-Up-Ära, als wir sonntagmorgens über bastumhäkelte Rotweinflaschen stolperten und baumwollene Dessous von den Lampenschirmen herabbaumelten. Seit Jahren abgelaufene Joghurtbecher musste ich ebenso wenig entsorgen wie die überlagerte Seenotrettungsmunition unter meinem Bett. Die stellte nicht wirklich ein Problem dar.

Nein, es waren die vielen veralteten Bücherschinken in meinem Schrank. Machwerke deutscher Verlage, die mir nicht den Atem raubten, sondern den Platz stahlen, nur noch als Staubfänger und Schattenwerfer fungierten.

Nun ist meine Generation ja noch so erzogen worden, dass wir Büchern einen Wert unterstellen, der weit über den materiellen hinausgeht. Das ist in Wahrheit natürlich dummes Zeug. Ein Buch ist ein Haufen zusammengeleimtes Papier, das im günstigsten Falle einen wackeligen Tisch stabilisiert oder bei partnerschaftlichen Auseinandersetzungen sinnvoll als Wurfgeschoss eingesetzt werden kann, sofern der Werfer treffsicher agiert.

Erst neulich habe ich einem überdimensionalen Nachtfalter mit Jonathan Franzens siebenhundertfünfzig-Seiten-Roman „Die Korrekturen" einen verplättet. Der Wälzer flog anschließend in die Grüne Tonne. Die Geschwätzigkeit amerikanischer Schreiber, die sich nach dem Besuch eines Autoren-Blitz-Seminars ihrer Plauder-Diarrhö hingeben, ist ja unaushaltbar.

Und „Ein weites Feld" von Günter Grass flog gleich hinterher. Der gute Mann schreibt sich nun seit bald fünfzig Jahren die Finger wund, nur um der Liebe und Anerkennung Marcel Reich-Ranickis habhaft zu werden. Hätte er doch nach der „Blechtrommel" das Schreiben eingestellt und endlich Ruhe gegeben. Dann wäre er jetzt Mythos und Legende, müsste nicht ständig mit Pfeifenrauch und besserwisserischer Griesgrämigkeit den Großschriftsteller simulieren.

Mein Lieblingsautor ist ja Max Goldt. Seine Werke schmücken nach wie vor meinen Bücherschrank. Die kommen mir nicht in die Grabbel! Diese Exemplare zieren Gebrauchsspuren. Mal sind es Nutella-, mal Rotweinflecken. Meine Faustformel für den gesamten Literaturbetrieb lautet: Je versiffter das Buch, desto besser der Inhalt!

Max Goldt hat sich unter anderem mit sarkastischer Lebensberatung in den Olymp deutschsprachiger Autoren geschrieben. Mit nur wenigen Sätzen skizziert er das Lebensgefühl einer ganzen Generation, den völligen Zusammenbruch überholter Wertewelten, erzählt vom Versuchen und Scheitern und beantwortet die Frage, woher wir kommen und wohin wir wollen. Wenn Max Goldt auf Lesereise ist, weint das Publikum – vor Glück, notabene. Legende ist sein in Worte gegossener Wunsch, dass man in fremden Badezimmern doch nicht über restharngetränkte Klofußumpuschelungen aus türkisem Frottee stolpern möge. Da hat man doch gleich ein Bild im Kopf – – – doch plötzlich holt mich meine Gemahlin zurück aus der Gedankenwelt: „Nun beweg dich mal! Ich will dich volle

Müllsäcke nach draußen schleppen sehen. Und wenn du mit der Wohnung fertig bist, machst du am besten gleich im Keller weiter – wie der Papst."

Der Pontifex und ich, so weit, wie man meinen möchte, sind wir also gar nicht auseinander. Ich denke jetzt darüber nach, ob ich nicht mal an Ostern vom Balkon meiner aufgeräumten Wohnung aus meinen Sylter Landsleuten einen Segen „Urbi et Orbi" erteilen sollte …

Autoverladungsfirlefanz

Schön schrille Schikane: Sylt ist für Autofahrer gar nicht so einfach zu erreichen

Zu den unleugbaren Vorzügen eines Sylt-Aufenthalts gehört, dass schon die Anreise als zutiefst angenehmer Teil des Urlaubs empfunden wird. Viele Menschen und Institutionen haben sich in diesem Zusammenhang Verdienste erworben, allen voran die Deutsche Bahn. Aber auch die Passagiere mischen munter mit. Hat der Erholungsbedürftige erst einmal den Hamburger Elbtunnel durchhuscht, die Rendsburger Hochbrücke überrauscht und sich dann – in Höhe Flensburg – gen Westen gewandt, rückt seine Glücksinsel immer näher: Allein die Hinweisschilder „Autozug Sylt" lassen das Herz schneller pochen, lassen die Augen leuchten. Am Niebüller Autobahnhof winkt ein freundlicher Mitarbeiter die herantuckernden Karossen ein, und mit einem zärtlichen Klack-klack-klackediklack rumpelt eine Limousine nach der anderen auf den Shuttle. Eine charmante Stimme heißt die Gäste via Lautsprecher willkommen.

Geräuschlos setzt sich der Zug in Bewegung – „Happiness in Motion" – die Goldstaubinsel als Silberstreif am Horizont, und aus der Beschallung schnulzt es von roten Sonnen, die in Meeren versinken. Salz legt sich auf die Zunge, der Himmel tut sich auf, langsam gleitet die Rückenlehne des Boliden in die Horizontale, und alle Aufmerksamkeit gilt nun der platinblonden Begleiterin rechts neben der Handbremse.

Doch das ist der Idealablauf, erdacht von Vermarktungs- und Werbefritzen, die ein gestörtes Verhältnis zur Realität ihr Eigen nennen. Es geht nämlich auch anders, ganz anders, so zum Beispiel: Ab Tönning Schneckentempo auf der B 5, Regen und Wind von allen Seiten gleichzeitig, vom Autoschalter wird die Bankcard ausgespuckt wie eine verfaulte Haselnuss – nur weil das Konto leer sein soll. Also rückwärts raus aus der Warteschlange und im Formel-1-Tempo auf zu Oma Kriemhild nach Risum, der alten Dame ein paar Scheine aus dem krummen Kreuz zu leiern. Wieder rein in die Schüssel, retour zur Verladerampe, um dem abfahrenden Autozug gerade noch einige derbe Flüche hinterherschicken zu können.

Die anschließende Wartezeit beträgt genau eine Stunde. Dicke Kinder schleppen Cola und Pommes zu den Öfen ihrer Eltern, lederhäutige Frauen zerren skurrile, hundeähnliche Kläffdärme zum Abkacken ins Schotterbett. Eine morbide Mixtur aus Urlaubsgier und Reisestrapazen kriecht durch die Warteschlangen.

Die nächste Verladung beginnt. Bald darauf fährt der Zug ab, Dämmerung senkt sich friedvoll über Friesland. Wer bei der Überfahrt freilich einen Idioten hinter sich stehen hat, der unvermutet sein Fahrlicht anknipst, sodass die Scheinwerfer sich in die Rückspiegel hineinbohren und von dort in die Pupillen der Insassen, bei dem ist es geschehen um die harmonisch-erwartungsfrohe Stimmung. Statt Sonnenuntergangsfarborgien am Westhimmel zu bestaunen und demütig das Gefühl reinen Glücks zu spüren, während das Dieselmonster die doppelstöckige Raupe durch die Köge schleppt, sitzt in einem der Wagen ein Nachtangst-Psychopath und therapiert sich mit Eigenflutlicht.

Zum Glück ist der Transfer zeitlich limitiert. Ankunft am Autobahnhof in Westerland: Die Entladung beginnt, die Blechschlange poltert vom Shuttle, nur ein Auto bewegt sich nicht. Stillstand und böse Vorahnungen im Konvoi, der Fahrer entklettert seinem Gefährt, wendet sich an die hinter ihm Platzierten und zuckt verlegen mit den Schultern. Batterie leer! Hat der Technik-Depp doch während der Überfahrt sämtliche energieschluckenden Geräte laufen lassen und auf diese Weise den Akku leergeschnullert.

Der Eisenbahn-Entladungsmeister kommt herangewackelt, guckt, staunt und schlurft davon. Nach einiger Zeit kommt er zurück, mit einer Starthilfe. Klappe auf, Kabelgestrippse, Startversuch, der Motor gluckert nur kurz und erstirbt wieder – auch dieser Akku ist leer. „Oh, sorry, Leute, den hat die Frühschicht wohl vergessen aufzuladen …!" Die Leute haben ihre Autos dann runtergeschoben vom Autozug. Sie hätten ihn auch ins Meer geschoben. Oder vom Kliff gestürzt. Oder ins Watt gedrückt. Denn Hauptsache, sie sind auf der Insel – die Königin der Nordsee wird sie schon entschädigen …

Ratgeberschwemme

Wer gern mal ein Buch schreiben möchte, sollte sich die Lebensuntüchtigkeit weiter Bevölkerungskreise zunutze machen

Seite geraumer Zeit hören wir von Verlegern bis hin zu den Buchhändlern dasselbe Klagelied: „Ach, mit Büchern ist heutzutage kein Geld mehr zu verdienen!" Nun ist das Gejammer von Unternehmern in jeder Branche üblich und nicht ernst zu nehmen. Gewinne werden weiter gescheffelt. Man spricht nur nicht drüber. Mit Renditen zu protzen ist mega-out, seit die IT-Aktienblase im Jahr 2000 platzte. Davor tönte es aus jedem Sylter Strandkorb, aus jedem ostholsteinischen Seniorenstift, welche Spekulationsgewinne an den Börsen wieder abgegriffen worden waren. Oma und Opa ließen sich vom Zivi beraten und zockten munter mit, bis das Sparbuch leer war.

Doch zurück zur Verlagsbranche. Mag sein, dass die Gewinnmargen tatsächlich gesunken sind. Bei der Schwemme an Druckerzeugnissen wäre das nur logisch, zumal wenn sie mit Titeln für sich werben wie „Entschuldigung, sind Sie die Wurst?" oder „Die Kuh: Leben, Werk und Wirkung". Da wirkt der Titel „Vom Zauber des seitlich dran Vorbeigehens" beinahe schon erquickend.

Nein, man stöhnt, weil auch hier die nackte Gier Einzug gehalten hat. Keiner mag irgendwelchen Klimbimkram drucken, der dann erbärmliche fünf Prozent Nettogewinn abwirft. Alle lauern auf den Knaller, auf das Buch, das jeder Deutsche braucht, nach dem jeder verlangt, weil alle mitreden wollen, kurzum: Alle Verleger möchten ein Buch von Dieter Bohlen drucken. Aber Bohlen streikt. Steckt dahinter etwa ein Zerwürfnis mit seiner taffen Geisterschreiberin, einer ehemaligen Klatschkolumnistin? Die schreibt jetzt unter eigenem Namen und zwar Ratgeber. Für Schwangerschaft und Säuglingspflege. Und damit sind wir bei dem Kern der Angelegenheit.

Du kannst ein Buch schreiben, um dich selbst zu verwirklichen, um krude Ideologien oder Glaubensvarianten unters Volk zu bringen oder eben um echt Kohle zu machen – und dann musst du einen Ratgeber schreiben!

Eckart von Hirschhausen hat es vorgemacht. Der Kleinkünstler bagatelladeligen Geblüts verrät uns, wie wir glücklich werden, wie wir richtig lieben. Aber Hirschhausen könnte bald verbrannt sein, so häufig wie er mittlerweile auf dem Bildschirm erscheint. Dann werden neue Ratgeber benötigt. Und eines können wir von Hirschhausen durchaus lernen: Für einen Ratgeber benötigt man kein ungewöhnliches Thema. Es genügt ein Anschein von Nützlichkeit.

Widersprüchliche Inhalte stören sowieso nicht. Bei Amazon sind die Ratgeber „Onanieren für Profis" und „Hochzeit: Vom Flirt bis zu den Flitterwochen" erhältlich. Bestellungen beider Titel von ein und demselben Kunden werden allerdings nur bearbeitet, wenn ein Ratgeber zum Thema Bewusstseinsspaltung mitbestellt wird.

Also Leute, macht euch ans Werk. Der Markt ist noch lange nicht gesättigt. Es werden gebraucht: Ratgeber zur Zeugung, Erziehung und Enterbung, zum Shoppen, Schunkeln und Scherzen. Und natürlich jede Menge Ratgeber zum Geldscheffeln.

Auch ich selbst beabsichtige, mich in den Boom einzuklinken. Einen Arbeitstitel habe ich schon: „Sylt, der Ratgeber". Es werden alle erdenklichen Themen fundiert behandelt, etwa zu den Fragen: Was soll ich da? Wie bekomme ich einen Platz in der Sansibar? Wo kackt die Möwe, und warum kommt beim Radfahren der Wind immer von vorne?

Und wenn ich dann noch auspacken würde, welche namhaften Zeitgenossen hier im Delirium Auto fahren, wer im Puff die Zeche geprellt oder eine kreative Insolvenz hingelegt hat, dann wäre eine sechsstellige Auflage beinahe schon garantiert – und mein Verleger könnte sich zufrieden grunzend eine kubanische Zigarre der Marke „Cohiba" anzünden …

Kompromissfähigkeit

Eigentlich wollte ich keinen Hund,
aber es gibt Situationen, da können diese Tiere
durchaus nützlich sein

„Ein Leben ohne Hund ist ein Irrtum", behauptete der Dramatiker Carl Zuckmayer. Da mag was dran sein, meine Frau und ich haben uns aber trotzdem keinen angeschafft, weder einen Hund noch einen Dramatiker. Wir haben auch nicht die Absicht. Wer will das schon: frühmorgens raus, bei Wind und Wetter, und dann mit dem quietschfidelen Tier um die Häuser ziehen, während man selbst noch im Halbschlaf wandelt. Womöglich finge ich irgendwann gar an, mit dem Hund zu sprechen. Man sieht und hört das ja immer wieder, dass Menschen mit ihrem Haustier verbal zu kommunizieren versuchen. Und der Hund tut dann so, als würde er kapieren, worum es geht. Einige Hunde können ausgesprochen schlau, ja beinahe intelligent gucken, da könnten sich viele Menschen ein Beispiel dran nehmen, zum Beispiel solche, die Solarien aufsuchen, sich ein Zungenpiercing verpassen lassen und namentlich solche, die ein Arschgeweih am unteren Ende der Wirbelsäule tragen.
Dabei bin ich durchaus schon mal „Gassi" gegangen mit einem Hund, allerdings bald darauf zu dem Ergeb-

nis gelangt, dass der Hund mehr mit mir unterwegs war als ich mit ihm. An jedem Kackhaufen blieb er stur stehen und schnüffelte atemlos. Und wenn ein anderer Hundebesitzer entgegenkam, musste ich mich mit dem, ob es mir passte oder nicht, unterhalten, musste Fragen nach Alter und Abstammung beantworten, nach Fressgewohnheiten und Gehorsamsbereitschaft des Tieres. Ich will solche Gespräche aber nicht führen und will nicht darüber nachdenken müssen, wo der Hund begraben werden soll, wenn er das Zeitliche segnet.

So, Freunde, aber jetzt kommt der Kracher! Schleppe ich mich doch vor ein paar Tagen völlig erschöpft nach einer Bühnenshow nach Hause in der Hoffnung auf eine entspannende innereheliche Nackenmassage, da vernehme ich mein Weib mit zuckersüßer Stimme in der Tiefe der Wohnung säuseln: „Ja, wo ist er denn, der Robby!? Ja, komm mal her, komm zu Frauchen, ja, wo ist er denn!?"

Meine Haare an den Unterarmen stellen sich im Nu entsetzt auf. Hat meine Lebenspartnerin einen jahrelang gültigen Konsens aufgekündigt? Muss ich sie ab sofort mit einem knopfäugigen Wuscheltier teilen? Voller Groll und Streitlust haste ich ins Wohnzimmer, wo sie vor dem Sofa kniet und ins Dunkle schalmeit: „Komm, mein Robby, zeig dich mal! Dein Alpha-Rüde ist gerade nach Hause gekommen und guckt ganz böse. Kannst ihm ruhig mal ins Bein beißen." Gerade wollte ich lautstark den Druck aus dem Kessel lassen, da brummt etwas technisches Klingendes unterm Sofa hervor, holpert über meine Füße und karriolt saugend, knispelnd und knaspelnd durch das Zimmer.

Meine Frau lacht schallend: „Das ist Robby, unser neuer Staubsaugroboter. Der gehört jetzt zur Familie. Ist er nicht süß?" „Was heißt hier süß? Schwachsinn! Das ist Plastik, eingeschmolzene Joghurtbecher und 'ne Handvoll Kupferdraht, von chinesischen Wanderarbeitern bei Kerzenlicht zusammengeschraubt. Das Ding kommt mir nicht ins Haus – basta!"

Doch meine Süße ballt ihre Prinzessinnen-Händchen zu Prinzessinnen-Fäustchen und protestiert: „Meine Schwester hat 'nen Hund, die Obamas haben 'nen Hund, unsere Kinder sind aus'm Haus, und du bist immer auf Achse. Also entweder akzeptierst du Robby, oder ich hol mir einen richtigen Hund aus dem Tierheim."

Auf diesen Kompromiss habe ich mich dann eingelassen. So eine Partnerschaft, das ist ja ein Geben und Nehmen. Und wir wollen mal nicht vergessen, was Zuckmayer gesagt hat. Ich meine, das war schließlich ein kluger Kopf, oder?

Gezeitenwechsel

Früher kam die Feuilleton-Prominenz nach Sylt,
heute nur noch welche aus dem Witzfigurenkabinett

Lebst du auf Sylt, läuft dir schon mal ein Promi über den Weg. Das ist ja ein bundesweit bekanntes Phänomen, und machen kann man sowieso nichts dagegen. Da steht an der Käsetheke beim Feinkosthändler neben einem plötzlich dieser großohrige Multi-Moderator. Der weiß sogar hier noch alles besser. Die Fachverkäuferin hat sichtlich Mühe, dem Angeber nicht mit einem ordentlichen Stück Blauschimmelkäse Roquefort das Maul zu stopfen.

Oder man entspannt auf der Terrasse eines besonders feudalen Hotels in Munkmarsch und, schwupp, sitzt ein Fußballheld der siebziger Jahre am Nebentisch, ausgerechnet der, dessen Schuhgröße von manchen mit 53 angegeben wird, aber mehr als 47 ist es selbst bei ihm nicht. Na, Sie wissen schon, diese Holzmarionette, die stets ewig lange braucht, um einen simplen Satz hervorzuwürgen, und trotzdem an Fußballmaßstäben gemessen als Intellektueller gilt.

Er sitzt da, lutscht das eine und das andere Alsterwasser und schaut aufs Wattenmeer hinaus. Dabei erweckt er den Eindruck, als warte er auf den Sonnenuntergang, so wie er es aus seinem Stammlokal, der Sansibar, gewohnt ist. Man ist geneigt, ihm zuzuraunen: „Mensch, Günni, du schaust gen Osten. Da geht die Sonne auf. Das dauert aber noch ein paar Stunden."

Das geht aber schon deshalb nicht, weil wir auf Sylt eine eiserne Regel beachten: Wir lassen die Promis in Ruhe, wir sabbeln sie nicht an. Sie sollen auch mal entspannen können, vielleicht sogar nachdenken über ihr verpfuschtes Leben.

Ich muss allerdings einräumen, dass in puncto VIPs ein spezielles Problem auf uns lastet. Vielfach kaspern hier nur noch Prominente der zweiten, dritten, vierten Garnitur herum, Laiendarsteller aus der vorabendlichen Daily Soap, Platzierte aus „Deutschland sucht den Superstar" und abgewrackte Pornosternchen. Der große Glamour lässt Sylt, so heißt es, mittlerweile links liegen, düst nach Ibiza, Portofino oder Cannes. Oder nach Fisher Island, dieser künstlichen Insel im Atlantischen Ozean nahe Miami, ein turboluxuriöser und streng abgeschirmter Wohnsitz Reicher und Prominenter. Neidvoll plieren wir dahin. Ich war mal dort und hab auf die Klingelschilder der Megavillen geschaut: Mel Brooks, Barbara Becker, Ricky Martin, Andre Agassi und Steffi Graf – Waaahnsinn! Die Tennisnudel kam früher immer mit Otto Waalkes zu uns. Na ja, das ist Geschichte. Jetzt müssen wir mit Dieter Bohlen, Karl Dall und Reinhard Mey vorliebnehmen. Da fällt jedem Paparazzo vor Langeweile die Kamera aus der Hand.

Dabei galt Sylt früher als Nabel der Welt. Alle waren da, es glamourte gewaltig: von Heinz Rühmann über Thomas Mann und Marlene Dietrich bis hin zu Max Schmeling. Dass auch Hermann Göring hier hofiert wurde, na gut, darüber reden wir nicht so gerne. Jeder greift schon mal versehentlich in den Spucknapf – also halten wir uns lieber an Oswalt Kolle, der aus seinem Voyeurismus am Strand von Kampen den Honig sog, aus dem er später seine lächerlichen Aufklärungsfilmchen drechselte.

Das unvergesslichste Erlebnis in der flirrenden Welt klangvoller Namen war mir vor circa zwanzig Jahren beschieden. Ich war angeheuert worden, bei einer Gala, deren Sinn mir entfallen ist, den Narren zu geben, also die Leute auf Deubel komm raus zum Lachen zu bringen. Unter anderem waren Uwe Seeler und Fritz Walter zugegen, Fußballhelden mit fast schon biblischer Aura, die diesem Abend ihren Glanz liehen. Fritz Walter schilderte noch einmal komplett den Verlauf des Spiels am 4. Juli 1954, als das Drei zu zwei über Ungarn unsere kleine deutsche, damals noch ziemlich kaputte Welt veränderte.

Zu allem Überfluss hatte ich das Glück, den gesamten Abend zwischen diesen beiden zu sitzen, zu lauschen, mal nachzufragen, ein wenig zu plaudern. Was für tolle Kerle. Bescheiden. Ausgesprochen höflich. Männer von Welt im besten Sinne des Wortes.

Als junger Bengel hatte ich über Fritz Walter, diesen Jahrhundertspieler, alles Gedruckte verschlungen, das mir in die Finger kam. Und jetzt saß er leibhaftig neben mir. Als der Abend sich dem Ende zuneigte, ergriff der Ehrenspielführer sein Glas Pfälzer Weißwein, wandte sich mir zu und sprach feierlich den Satz: „Du, ich bin der Fritz." Wie sich das anfühlte? Nun, ungefähr so, als ob man den Bayern in der Nachspielzeit aus vollem Lauf noch so'n sattes Ding unter die Latte donnert.

Vollgasfotolaborantin

Weshalb eine Befehlsverweigerung im Zweiten
Weltkrieg meine Existenz bedrohte

Ein Klischee, das uns Syltern, aber viel mehr noch
unseren Gästen anhaftet, ist die Nähe, wenn nicht die
unmittelbare Zugehörigkeit zum Jetset – ein mittlerweile altmodischer Begriff, der Menschen beschreibt,
die mit düsengetriebenen Flugzeugen von einer
Luderparty zur anderen eilen und dabei nicht selten
Zehntausende von Luftkilometern pro Woche abrei-
ßen. Da sich zwischenzeitlich selbst gesellschaftlich
prekäre Gruppen auf Mittelmeerinseln herumtreiben,
um dort ihren permanent brennenden Durst zu
löschen, ist der gesellschaftliche Rang „Jetset" inzwischen auf Flughöhe null abgesackt. Wer heute tönt, er
habe gestern auf einer Ibizaparty durchgemacht, erntet
nur noch ein müdes Lächeln.

Übrigens durchaus auch von mir. Wobei ich meine
Existenz zumindest indirekt der Fliegerei verdanke, ja,
man könnte behaupten, ich sei quasi ein Kind des Flie-
gerhorstes Leck, jenes kleinen grenznahen Städtchens,
in das wir Sylter (wegen des dort lauernden Finanzam-
tes) Jahr für Jahr getreulich unsere Steuermillionen tragen und das wir durchfahren, wenn wir irgendeinen
lästigen Termin auf dem Festland haben. Während des

Zweiten Weltkriegs wurde mein Vater, ein ebenso findiger wie flinker Flugzeugmotorenschrauber, in eben dieses Leck abkommandiert. Seine Aufgabe bestand darin, unrund röchelnde Flugzeugmotoren wieder zum geschmeidigen Laufen zu bringen. Arbeitskräfte waren knapp an der „Heimatfront", und aus diesem Grunde wurden, das kennen wir ja noch aus dem Leistungskurs „Geschichte der Feldzüge von der Bronzezeit bis heute", junge Frauen aus der Umgebung „dienstverpflichtet". Sie mussten den hoch qualifizierten Mechanikern zur Seite stehen, zur Hand gehen, ihnen mal den 18er-Ring- oder Zwölfer-Maulschlüssel anreichen, so wie eine OP-Schwester dem Chirurgen das Skalpell reicht oder ihm den Schweiß von der Stirn tupft.

Eines Tages forderte mein damals noch zukünftiger Vater seine Assistentin Fräulein Liselotte Schmidt auf, im Pilotensitz einer „Heinkel He 111" Platz zu nehmen, einem zweimotorigen, freitragenden Tiefdecker, auch bekannt als Standardbomber der deutschen Luftwaffe. Mit der einen Hand solle sie, so sein Befehl, das Höhenruder verstellen und mit der anderen Vollgas geben, damit er seinerseits die Leerlaufeinstellung der Motoren feinjustieren könnte. Das Fräulein Schmidt, ein lecker Mädsche, war von Haus aus staatlich geprüfte Fotolaborantin und mit der Funktionsvielfalt eines zweimotorigen Bombenflugzeugs, ich sach mal so:

nicht ganz vertraut. Entsprechend fiel das Echo aus: Gejuchze, wilder Protest und tränenreiche Verweigerung bis hin zu justiziabler Wehrkraftzersetzung in der Pilotenkanzel: „Nein, das mach ich nicht! Nachher fliegt das blöde Ding hier los!" Und dann kam die bahnbrechende Bemerkung meines Vaters, die er noch heute auf Familienfeiern gern glucksend wiederholt: „Fräulein Schmidt", herrschte er sie an, „jetzt stellen Sie sich mal nicht so tutig an! Geben Sie endlich Vollgas!" Die Assistentin zuckte zusammen, tat wie ihr geheißen, und die Vibrationen des Angriffsflugzeugs müssen derart nachhaltig und erregend gewesen sein, dass die dienstlichen Beziehungen der beiden Protagonisten sich im Privaten fortsetzten. Eine glückliche Ehe entstand, gesegnet mit einem Schwung Kinder. Und wenn ich heute – auf dem Weg von Sylt hinaus in die große Welt der Kleinkunst – das kleine Städtchen Leck passiere, dann immer mit Vollgas und auf Flughöhe null …

Karrieremärchen

Wie die Sansibar vom schlichten Strandkorbschuppen
zum gastronomischen Weltkonzern gedieh

Vergessen Sie Bill Gates, die Aldi-Brüder oder die im Bargeld herumstolpernden russischen Oligarchen. Bei uns auf Sylt hat sich einer auf den Weg gemacht, um sich den Globus ökonomisch untertan zu machen. Es ist ein Schwabe, der vor vielen Jahren auf der Fahrt von Ulm nach Stuttgart in den verkehrten Zug stieg und Stunden später irrtümlich auf Sylt landete. In einem trostlosen Strandkorbschuppen südlich von Rantum fand der damals noch mittellose Mitbürger Unterschlupf.

Es gefiel ihm, er nistete sich dort ein, versuchte, die Sprache, den hochdeutsch-friesischen Slang der Einheimischen zu erlernen, scheiterte charmant wie alle Baden-Württemberger und eröffnete trotzig einen Wurstimbiss mit Schnapsausschank. Das geschah am Sansibarstrand, und darum nannte Herbert Seckler – so sein Künstlername – das weitab von der Zivilisation gelegene Etablissement entsprechend. Interessieren tat der Laden einstweilen niemanden.

Doch Seckler hatte Glück. Irgendwann war die Sylter Schickeria all der Nobelrestaurants auf der Insel überdrüssig. Sie suchten Abgefahrenes, Skurriles, Prekäres. Einer rief aus Jux: „Gehen wir doch ab jetzt alle in die

‚Sansibar'!", und erntete ein karnevaleskes Gelächter. Doch wie so oft in diesen Kreisen: Es wird getan, was der Lauteste vorschlägt. Über Nacht fiel die Hautevolee in Secklers Holzverschlag ein wie einst die Wikinger in England.

Anfangs versuchte der Strandwirt noch, sich der ihm suspekten neuen Klientel zu erwehren. Er wählte aber die falschen Waffen, nämlich Rustikalität, Portionen zum Sattessen und die schönsten Schlager von Rudi Schuricke, einem Nachkriegstenor, der von roten Rosen, roten Lippen und rotem Wein knödelte. Es half nichts, die penetranten VIPs ließen sich nicht vergraulen, und so begann der steile Aufstieg des Dünengastronomen. Und als sich dann auch noch das kosmopolitische Gesamtkunstwerk Karl Lagerfeld mit seiner flirrenden Muse Claudia Schiffer dort im kalten März mal kurz aufwärmte, war der Boom nicht mehr aufzuhalten. Heute kann jedermann dort live mitbekommen, dass Delling den Netzer privat doch duzt, dass schmierlappige Finanzjongleure sich als größte Geldvernichter der vergangenen sechzig Jahre feiern lassen und bei „Tatar vom Thunfisch auf Knuspersalat mit dreierlei Dip" kalte Übernahmen von Billigfluggesellschaften oder DAX-Unternehmen geplant werden.

Das Logo des Gasthofes, zwei gekreuzte Säbel, ziert längst das Heck vieler Autos der, ich sach mal: problematischen Kohlendioxid-Kategorie. Ja, die Begeisterung der Menschen, sich als Gast der Sansibar zu outen, schlägt geradezu Purzelbäume. Legionen freundlicher Chinesen nähen in ihrer Freizeit T-Shirts, Geschirrtücher und Polohemden zusammen, deren einzige Besonderheit darin besteht, dass Name und Unternehmenssymbol der Sansibar in riesigen Lettern auf sie gedruckt sind.

Und der Erfolg geht weiter. Bald werden wir erfahren, dass Herbert Seckler eine große Berliner Fluggesellschaft schlucken wird (Arbeitstitel: „Sansi-Air"). Es soll schon ein Vorvertrag für die Lieferung von zehn Maschinen des Typs A 380 bestehen, um das im Mietskasernenstil erbaute Aldi-Hotel in Rantum laufend mit frischen Kurgästen aus den Slums deutscher Großstädte zu versorgen.

Ein zum Label passendes Auto (Arbeitstitel: „Sansi-Car") mit einem Ökomotor, der sowohl mit Champagner als auch mit altem, getrüffeltem Friteusenfett läuft, ist in Planung. Die Reichweite dieses schicken Flitzers wurde den Bedürfnissen der zu erwartenden Käuferschicht angepasst: Einmal bis Liechtenstein und retour!

Nur einer politischen Karriere Secklers räumen Experten bislang kaum Chancen ein. Er gilt als rhetorisch einschläfernd. Aber das ist ungerecht. Die Minister Tiefensee und Glos bewiesen jahrelang, dass es auch ohne jede Redebegabung geht …

Oberschichteneinmaleins

*Was in München, Hamburg, Berlin reicht, ist auf
Sylt schlicht zu wenig*

Was eigentlich bestimmt am Ende unseren Wert auf
Erden? Die Kinderzahl, die Höhe unserer Steuerbe-
scheide oder unsere kulturelle Hinterlassenschaft?
Reden wir nicht lange drumherum und machen wir
uns nichts vor: Das letztlich ausschlaggebende Kriteri-
um ist, ob wir dazugehören oder nicht. Ob wir „very
important" sind oder Massenware.

Wie Sie feststellen können, ob Sie zur höheren Gesellschaft zählen oder zum Fußvolk, zum Mittelschichts-
prekariat? Nun, das ist regional unterschiedlich.

Nehmen wir mal an, Sie sind in München unterneh-
merisch tätig, betreiben eine Trachtenfabrik mit „Out-
let-Store" oder verschieben hochoffiziell mit Segnung
der Landesregierung und der ortsansässigen Geheim-
dienste Waffen nach Nahost. Nehmen wir ferner an,
Sie besitzen eine Prachtvilla in Bogenhausen und eine
Frau mit straffer Gesichtshaut. Da klingelt justament
zur Wiesnzeit das Telefon – wichtige arabische
Geschäftspartner bitten Sie, mal eben acht Plätze in
Käfers Wiesn-Schänke am Samstagabend zu organisieren. Ein Unding, wie es scheint. Ebensogut könnte
man versuchen, Karl Lagerfeld für ein Charity-Sack-

hüpfen in der Fußgängerzone von Itzehoe zu gewinnen. Doch Sie kostet es nur einen kurzen Anruf beim Wiesnwirt, und ratzfatz sind die gewünschten Plätze direkt bei der Musik für Ihre Geschäftspartner reserviert, zwischen Beckenbauer und Beckstein, direkt dort, wo Verona und Veronika ihre Möpse schaukeln. Einer, der über derartige „Connections" verfügt, das ist in Bayern ein „Großkopferter", der gehört dazu, ohne den läuft nix.

In Berlin ticken die Uhren anders. Sie sollten in der Werbung, der Demoskopie oder als Unternehmensberater beziehungsweise am besten als Lobbyist tätig sein und am Abend im „Café Einstein" verkehren. Wenn dort der Neunzehnprozent-Mann Kurt Beck Ihren Arm ergreift und Sie bittet, sich an seinen Tisch zu setzen, um mit ihm gemeinsam die Trümmer der Sozialdemokratie als Buchstabensuppe auszulöffeln, dann versagen Sie ihm den Dienst! Raten Sie ihm kaltherzig und von oben herab, sich über Ihr Büro einen Termin geben zu lassen, und schütteln ihn mit dem Hinweis ab, dass eine gewisse Frau Dr. Merkel zwei Tische weiter auf Sie warte. Wenn das so läuft, dann kann man sagen, Sie üben Einfluss aus, Sie drehen in der Hauptstadt am ganz großen Rad – ohne Sie läuft da nix.

In Hamburg wiederum herrschen ganz andere Spielregeln. Dort wird es in besseren Kreisen gern gesehen, wenn Ihre Familie seit vier Generationen im Reedereigeschäft tätig ist. Sie tragen die Goldene Ehrennadel des Norddeutschen Regatta Vereins und werden regelmäßig zum Matthiae-Mahl in den großen Saal des Rathauses eingeladen. Die Heimspiele des noblen HSV erleben Sie in der Ehrenloge zwischen Uwe Seeler und Charly Dörfel. Die lächerlichen Mehrkosten für den Bau der Elbphilharmonie stemmen Sie mit den Zinseszinserträgen Ihres Eigenkapitals – wenn das so läuft, dann läuft in Hamburg nix ohne Sie.

So weit, so gut. Wenn Sie nun allerdings meinen, nur weil Sie ein Reetdachhaus in Kampen besitzen, weil Sie per Du sind mit Promiwirten wie Seckler und Seiche, weil Sie eine Spritze aus purem Platin für die Kampener Freiwillige Feuerwehr gestiftet und Ihre Heimatliebe bewiesen haben, indem Sie beim Ringreiten in Keitum die Pferdeäpfel aufgelesen haben, wenn Sie glauben, dass Sie daraufhin und deswegen auf Sylt dazugehören, dann sind Sie schief gewickelt. Dazu gehört mehr, viel mehr.

Als Sylter werden Sie erst akzeptiert und wahrgenommen, wenn die Wurzeln Ihrer Ahnen wenigstens bis ins fünfzehnte Jahrhundert zurückreichen, urkundlich. Sollte einer Ihrer Vorfahren per Steckbrief vom Amtmann von Tondern gesucht worden sein, Glückwunsch, das steigert Ihr Ansehen bei den Ureinwohnern enorm. Um sicherzugehen, sollten Sie mal ein Theaterstück auf Friesisch verfasst und inszeniert

sowie des Nachts in Gummistiefeln den Hindenburgdamm überquert haben, Letzteres, um eine Wette mit
Jürgen Gosch zu gewinnen.

Wichtiger: Ihr Immobilienbesitz – und ich spreche
nicht von Grund-, sondern von Landbesitz – sollte sich
nicht in Quadratmeter oder Sylter Fußleistenmaß
bemessen, sondern bitteschön in Hektar, und zwar
Bauland!

Wenn Sie diese Voraussetzungen erfüllen, dann können Sie von sich sagen: Ich bin ein echter Sylter – ohne
mich läuft auf der Insel gar nix …

Lokalpatriotismus

Im Wortgefecht mit Syltern haben Menschen anderer Herkunft schlechte Karten

Wir Insulaner begeben uns nur ungern hinaus in die Welt, nicht zuletzt deshalb, weil wir uns vom sinnlosen Smalltalk der Menschen um uns herum gepeinigt, gelangweilt fühlen. Oft sehen wir uns gezwungen, diesen Schwätzern in die Parade zu fahren. Dabei hilft ein simpler Trick. Wir lassen halblaut, aber doch gut hörbar den königlichen Halbsatz fallen: „... bei uns auf Sylt ..." Das allgemeine Gebrabbel verebbt. Kurz darauf herrscht Ruhe im Karton. Die Umsitzenden nehmen Haltung an, Sternchen glitzern in ihren Augen und – zack – haben wir die verbale Lufthoheit über dem Stammtisch erobert.

In Reise- und Benimmbüchern lässt sich nachlesen, dass der Fremde im Gespräch mit Einheimischen ferner Länder Themen wie Politik, Religion, Reinlichkeit und Sexualverhalten meiden sollte, was ja eigentlich bedauerlich ist, da diese Themen viel Spaß bereiten können. Uns Deutschen wird zudem empfohlen, unsere Herkunft immer nur mit hochgradiger Zerknirschtheit zuzugeben. Solange wir uns allerdings im eigenen Lande bewegen, ist brutalster Lokalpatriotismus angesagt.

Mögen die Bürger Bayerns und Baden-Württembergs die besseren Jobs, die dickeren Autos und die schärferen Frauen haben, sollen sie doch Polohemden mit gekreuzten Schwertern tragen und Gänsestopfleber für eine Delikatesse halten – ihnen gehen schlagartig die Argumente aus, wenn wir sanft lächelnd mit einer nicht nachweisbaren Spur von Überheblichkeit nach einer geschickt gesetzten Kunstpause diese besagte Königsfloskel einflechten: „... bei uns auf Sylt ...“

Viele verlieren die Contenance, ihre Kinnladen klappen haltlos bodenwärts. Jeder spürt, dass das Gespräch urplötzlich auf eine höhere Ebene geschossen ist. Wir jedoch wenden uns mitleidsvoll dem neben uns platzierten Hessen zu, einem Bewohner der Taunus-Südhanglage, und bedauern ihn wegen des unerträglichen Klimas und wegen des Fluglärms. Die Immobilienpreise, so lese man es, sollen dort ja rapide abstürzen.

Die uns gegenübersitzende rheinische Frohnatur aus Düsseldorf bedauern wir verschlagen, weil seine Heimatstadt mit der hässlichsten City Mitteleuropas ausgestattet sei, das hätten wir unlängst in „GEO“ gelesen. Er solle doch mal zur optischen Erbauung nach Leipzig fahren.

Und den Münchener am Kopfende des Tisches, der sich um Argumente ringend an sein Weißbierglas klammert, fragen wir linkisch, ob die Nähe des Gardasees ihm wirklich Vorteile bringt, wenn dort bei jeder zweiten Visite sein Auto aufgebrochen wird.

Ich muss allerdings einräumen, dass dieses „… bei uns auf Sylt …" zwar eine gehörige Schockstarre auslöst, die sich aber in manchen Fällen bald wieder löst und einem unangenehmen Reflex weicht. Die Truppen formieren sich zum Widerstand, der sich in etwa so artikuliert: „Hör bloß auf mit Sylt! Da könnt ich auf Dauer nicht leben. Diese Abhängigkeit vom Autozug. Und wenn du mal ins Theater willst, ins Konzert, ins Museum? Fehlanzeige. Leere Hose. Und im Winter ist doch nur Totentanz bei euch – dass ihr dabei keinen Koller kriegt?"

Wenn man Pech hat, sitzen Leute mit einschlägigen Erfahrungen am Tisch, die über winterliche Autozugfahrten referieren und sich an stundenlange Verspätungen erinnern können. Oder ein Immobilienexperte lästert fachkundig über Sylter Wohnungsmieten und Quadratmeterpreise, die nur noch von Manhattan, Shanghai und Moskau-Mitte übertroffen werden.

Und wenn dann noch eine Rotnase in der Runde dazwischenkrakeelt, das Sylter Veranstaltungshighlight im November sei ein Vortrag über Darmspülungen gewesen, dann wird's eng. Aber solche Reaktionen kenne ich. Das sind pure Neidreflexe. Ich habe mir angewöhnt, derlei Anwürfe arrogant niederzulächeln.

Ich lasse sie einfach reden. Bis sie müde werden, bis sie am Tische erschlaffen und sich ihre alte Weinerlichkeit zurückmeldet. Schlussendlich winseln sie um Gnade mit Lächerlichkeiten wie: „Aber wir in Drüsenbüttel an der Luhe haben kürzlich den siebzehnten Platz beim Wettbewerb ‚Unser Dorf soll schöner werden' belegt."

Ich mustere sie dann streng, diese verzagten Festlandsbewohner, die fernab goldener Strände ihr Dasein fristen, lege in meinen Blick kalte Verachtung und erkläre so von oben herab: „Zum Glück hat sich jetzt auch die Auster wieder im Wattenmeer angesiedelt. Ja, es ist immer wieder ergötzlich, im Juni, abends, wenn ihr nach der Büroarbeit auf Parkplatzsuche stundenlang um den Block eiert, genau dann juckeln wir mit unserem kleinen Segelboot hinaus aufs Wattenmeer, sammeln mit der Hand ein paar wilde Austern ein oder ziehen mit der Angelrute leckere Makrelen an Bord."

Der stumme Neid am Tisch stimuliert mich, nachzulegen. Ich fahre fort und steigere mich in wahre Orgien, fantasiere von bacchantischen Strandgelagen, mit rötestem Rotwein, feinperligstem Kaltbier, sich unter leckerster Last biegenden Grillrosten und schönen, sich dem flüchtigen Augenblick hingebenden Menschen im matten Schein warmen Abendlichts. Dieses Bild macht sie fertig, der Widerstand scheint gebrochen.

Doch dann bäumen sie sich noch einmal auf, führen lachhafteste Argumente an, wie das etwa, Sylt sei dem Untergang geweiht: Noch hundert Jahre, und Nordseewellen hätten den Sandknust überspült. Und überhaupt, das wahre Society-Leben spiele sich zurzeit an der Riviera ab, in Monte Carlo, Nizza und Cannes! Supercoole Partys würden dort steigen, befeuert von russischen Oligarchen, die Wodka- und Schampusgläser an die Wand pfeffern, und ihren kreischenden Weibern, die den Kellnern beherzt in den Schritt greifen.

Überraschend ist auch der Weißbierdödl aus seiner Sprachlähmung erwacht und tönt vollmundig, dass die Schwabinger Trachten-Schickeria noch nie etwas von Sylt gehört hätte. Wenn die Münchener zum Strand wollten, führen sie kurzerhand ans Mittelmeer, einmal durch den Berg und scharf links, und da sei es immer warm, nicht so ein gräusliches Schmuddelwetter wie an der Nordsee.

Ich wende den Kopf nur kurz zu dem Deppen, sage scharf: „Bayern gegen St. Petersburg", und: „Null zu vier – eine Schande für Deutschland". Schon schweigt die Weißwurst und weint still ins Weizenbier.

Nun startet der Düsseldorfer, um seinem rheinischen Altbierkaff Weltgeltung zu verleihen, den erbärmlichen Versuch, in höchsten Tönen eine Joseph-Beuys-Ausstellung zu preisen. Ich kontere mit einem urfriesischen Mundart-Theaterstück im Keitumer Friesensaal und fordere ihn kalt lächelnd auf, den ganzen Filz- und Fettquatsch im Keller zu verstauen und mal Siegward Sprotte zu googeln. Das war ein Maler, aber hallo! Und ein halber Sylter dazu. Der hat in null Komma nix zwei Striche von links nach schräg kalligrafiert, dann noch so'n kleinen Tüdellütt hingeschlunzt, und fertig war das Strandhaferbild – so schön, dass die Touristen vor Glück zu flennen beginnen, wenn sie solch ein Kunstwerk zu Gesicht bekommen. Und damit sei nun, ihr Banausen, ihr elendigen, der bisher so diffuse Kunstbegriff für die Zukunft und mit Geltung für die ganze Welt nachhaltig definiert.

Ja, ich finde es wirklich supertoll, dass in so einem belanglosen Smalltalk mitunter offene Fragen, die uns alle berühren, plausibel und für die Ewigkeit beantwortet werden. Es müssen halt nur die geeigneten Leute die intellektuelle Führung übernehmen.

Dafür bin ich mir an manchen Tagen selbst dankbar …

Festlandsbesuche

Sylt ist weitgehend entbürokratisiert – die Behörden haben wir outgesourct

Es wird ja gern übersehen, dass praktisch alle Menschen auf Inseln leben. Schließlich sind selbst die Kontinente von Wasser umspült und mithin von Rechts wegen Inseln. Das nur als allgemeiner Bildungsexkurs vorweg. Im allgemeinen Sprachgebrauch ist es nach wie vor so geregelt, dass wir Sylter auf einem Eiland leben und die anderen auf dem Festland. Mit dieser Teilung können wir Inselbewohner auch ganz gut leben – manche sogar sehr gut. Bedauerlicherweise zwingen uns gewisse Lebensumstände aber immer wieder, unsere Beschaulichkeit zu verlassen, um aufs Festland zu reisen. Auf Sylt lässt sich zwar vieles erledigen, aber nun mal nicht alles. Für die wirklich wichtigen Dinge, also hauptsächlich für Behördengänge, müssen wir die Kreis- oder Landeshauptstadt aufsuchen oder die pulsierende Grenzmetropole *Flensburg*. Eine kraftlose oder in Trümmern liegende Ehe wird vom dortigen Familiengericht fachgerecht aufgebröselt und entsorgt, eine Institution, die sich mit Strategien und Waffen in Rosenkriegen bestens auskennt. Die notfalls erforderliche Psychotherapie für einen der beiden Betroffenen wird dann in *Schleswig* durchgeführt. Schleswig gilt zumindest in Norddeutschland als Hochburg für Klapsmühlen-Gefährdete.

Oder ein Sylter will als Geschäftsmann erfolgreich sein, kennt aber den Unterschied zwischen Umsatz und Gewinn nicht. Folge: Sein opulenter Lebensstil eilt dem Geschäftserfolg weit voraus. Machen wir's kurz: Insolvenzen melden wir ordnungsgemäß beim Amtsgericht in *Niebüll* an. Ein Laden mit erstklassigem Service: Die Mitarbeiter legen Wert auf individuelle Beratung, auf persönliche Ansprache. Dabei kommt ihnen zugute, dass sie ihre Pappenheimer aus früheren Begegnungen sämtlich mit vollem Namen kennen.

Nun können Konkurse einem echten Sylter natürlich wenig anhaben. In aller Regel beschließt er – „Was wollt ihr Pfeifen? Ich hab das Zapfer-Abi!" –, in die prickelnde Welt der Erlebnisgastronomie einzutreten. Kurzum: Er macht eine Kneipe in Westerland auf. Um die Konzession zu bekommen muss er – na, Sie ahnen es bereits –, jawoll: aufs Festland, und zwar präzise gesagt nach *Husum*, zum Kreisveterinäramt. Dort wird der Aspirant mit den zentralen Verordnungen des aktuell gültigen Lebensmittelgesetzes vertraut gemacht. Bestes Beispiel ist die Hackfleischprüfung. Man geht vonseiten der festländischen Obrigkeit davon aus, dass ein Gastwirt wissen sollte: Hackfleisch ist am Tag der Herstellung zu verarbeiten. Der Sylter sieht das zumeist nicht so eng. Wenn im Trubel der Saison so

eine Lieferung versehentlich drei Tage auf der Fenster-
bank liegen bleibt, dann ist das kein Beinbruch, und
man stellt lapidar fest: Hallo, es gibt ja doch ein Leben
nach dem Tod!

Es gehört zu den speziellen Fertigkeiten der Inselbewohner, die Dachböden ihrer Einfamilienhäuser ein-
fallsreich auszubauen. Danach warten drei urgemüt-
liche friesische Appartements der Kategorie „Dusch-
bett mit Wohnklo" auf solvente Badegäste. Bisweilen
wird dieser Ausbau wegen Zeitmangels dem Bauamt
nicht hinreichend gemeldet. Dieser Kommunikations-
fehler zieht eine knackige Rückbauverfügung nach
sich. Und abermals liegt ein prächtiger Grund vor, das
Festland aufzusuchen und sich vor dem Verwaltungs-
gericht durch die Instanzen zu klagen.

Die Durchlässigkeit der Gesellschaft auf Sylt ist ein
großer Segen. Bei uns kann jeder alles. Der normale,
durchschnittliche Hauptschulabbrecher in *Bredstedt*
steuert eine geschmeidige Hartz-IV-Karriere an – das
hat er so von den Eltern gelernt. Anders bei uns auf
Sylt: Hier wird er Immobilienmakler! Welche Talente
muss er haben, um diesen Beruf auszuüben? Er muss
gleichzeitig Porsche Cayenne fahren und mit seinem
Blackberry eine E-Mail versenden können. Er muss in
der Lage sein, ein nasses Kellerloch als „Warft-Etage"
oder „Souterrain-Loft" zu verticken, und – ganz wichtig – er muss aus einem beliebigen Geldbetrag fünf

Prozent Courtage erst herausrechnen und anschließend oben draufschlagen können. Im nächsten Schritt muss er dem Kunden erklären, dass auf diese fünf Prozent neunzehn Prozent Mehrwertsteuer erhoben werden, die er als „durchlaufenden" Posten einzieht, gleichsam stellvertretend für den Bundesfinanzminister. Daran scheitern viele.

Aber wo liegt das Problem? Das Finanzamt in Leck wird sich schon melden, wenn es nicht passt – und unsereins hat wieder mal einen Grund, aufs geliebte Festland zu fahren …

Rauchwolkenzeichen

Die Deutschen sind beängstigend gesund – jetzt hören sie auch noch auf zu rauchen

Ich bin mir nicht sicher, ob die Sache mit dem rigiden Rauchverbot penibel durchgrübelt und sauber zu Ende gedacht wurde. Gut, die gängige Raucherkarriere endete bisher so um und bei sechzig, röchelnd und japsend. Diagnose: Lungenkarzinom. Eine Wohltat für die Krankenkassen. Jetzt müssen sie damit rechnen, dass das Durchschnittsalter der Versicherungsnehmer abermals steigt.

Jetzt dürfen die Deutschen nicht mehr in den Kneipen, Bussen, Bahnen und Behörden quarzen. Die Klugen und Einsichtigen haben gleich richtig reagiert und sind zu Kampf-Nichtrauchern konvertiert, sind auf Nordic Walking umgestiegen, gehen zum Frühschwimmen und zum Rock-'n'-Roll-Wasserstrampeln und planen nunmehr, noch als Hundertjährige das Sportabzeichen zu wuppen.

Für die anderen, die Haltlosen, die Triebhaften, stellen die Wirte Heizpilze vors Lokal. Verlogene Begründung: Sie wollten die Gäste vor der grassierenden Rauchergrippe schützen. Mit den Heizpilzen beginnt gleich das nächste Übel: Hundert Millionen von den Dingern im Dauerbetrieb – da können die Autofahrer den Motor zehnmal an der roten Ampel ausschalten, mit dem Fahrrad in Urlaub fahren oder den Müll sortieren: Wenn hundert Millionen Heizpilze ihren Job machen, dann schmelzen die Polkappen so schnell wie Vanilleeis unter heißen Himbeeren.

Was sind die Folgen? Der Meeresspiegel steigt rapide, und die Seychellen, die Malediven und Holland verschwinden von der Landkarte. Und es wird alles noch schlimmer: Die arbeitslosen Tabakbauern werden – notgedrungen – Rinderzüchter. Und deren Blähdarm-Methanmonster produzieren dann so viel hochwertiges Klimagas, dass schon bald Sylt-Urlauber von herabstürzenden Kokosnüssen in den Boden gerammt werden.

Doch die Menschen hier in der Region sind weitsichtig und bereiten sich geschmeidig auf die neuen Zeiten vor: Die Frauen der Sylter Trachtengruppe üben schon – mit Baströckchen, Hüftschwung und Blumen im Haar – polynesische Tänze ein. Wirklich sehr apart! Quasi die angenehme Seite des Klimawandels.

Die Wirte von Einraumkneipen jedoch laufen zur Zeit Amok, da ihre Gäste überwiegend Raucher sind und die Gesetzeslage diese Wirte nun in die Insolvenz treibt. Das verstehe ich nicht. Da gibt es doch schöne Alternativen! Sieht doch der Gesetzestext vor, dass in Arbeitsräumen von Prostituierten weiterhin geraucht werden darf. (Die Zigarette währenddessen statt danach?!)

Also bräuchten sie ihren Laden doch nur umzubenennen, also ein anderes (älteres) Gewerbe anmelden, rote Birnen in die Lampen schrauben und etwas weniger hektische Musik auflegen.

Im Februar, wenn auf den Inseln die Biiken gefeiert werden, bewachen in den Nächten zuvor die Konfirmanden die zusammengetragenen Holzstapel, damit die Lümmel der jeweiligen Nachbarsdörfer sie nicht vorzeitig abfackeln. Zu den Initiationsriten der Jugendlichen hier gehört es seit Jahrhunderten, dass in diesen Nächten haltlos gequalmt werden darf. Am nächsten Morgen liegen sie dann blass, ausgekotzt und verelendet in ihren Unterständen.

Die rauchen dann nie wieder und werden somit alle hundert Jahre alt und älter. Und zu ihren dreistelligen Geburtstagen kommt dann auch mal ein Vertreter der Deutschen Rentenversicherung vorbei, weil man dort denkt, dieser Eierlikör verschlabbernde Rentenvorfall kann doch nur ein Zahlendreher oder eine Computerpanne sein.

Reizthemen

*„Autobahn geht gar nicht" – der Klassiker von
Kerner gilt auch auf Sylt*

Es gibt in unserem Land absolute Tabuthemen. Wer sie
anspricht, setzt sich im selben Moment automatisch in
die Nesseln. Ich rate dringend davon ab, über neue
Atomkraftwerke zu schwätzen, über Angela Merkels
Dekolleté, über schwule Fußballer oder den Auto-
bahnbau und die Kindererziehung vor gut siebzig Jahren. Ganz heiße Eisen! Finger weg! Da können Sie auch
gleich in einem Traditionsgasthaus in Rott am Inn
einen despektierlichen Witz über Franz Josef Strauß
reißen. Übrigens sollte auch niemand in einem Fünf-
Sterne-Restaurant nach Curryketchup fragen oder den
örtlichen Priester bitten, Grüße an seine Frau auszu-
richten. Aber das nur am Rande erwähnt.
Bei uns auf Sylt pflegen wir die hohe Kunst des Small
Talks, des kleinen Gesprächs also. Charmant plaudern,
alles im Ungefähren lassen, über nicht anwesende Dritte mit leisem Spott und kultiviertem Sarkasmus herzie-
hen und sich selbst dabei als intellektuellen Leucht-
turm darstellen, in dieser Disziplin sind wir europäi-
sche, wenn nicht weltweite Spitze.
Doch wenn die Harmoniesuppe allzu hoch schwappt,
reitet mich mitunter der Teufel. Dann befeuere ich die

Feier gern mit der Super-Kracher-These, dass entlang des Hindenburgdamms doch endlich mal eine zwei-, besser noch eine vierspurige Trasse gebaut werde solle. Das sei doch ein Leichtes und für hunderttausend Autofahrer pro Jahr eine unglaubliche Erleichterung – da komme nicht einmal die Erfindung des Dosenöffners mit. Empörte Widerworte kontere ich mit einer Volte hin zur Verfassung: Es gehe doch wohl nicht an, dass das Grundrecht der freien Wahl des Aufenthaltsortes durch den Fahrplan des Autozuges eingeengt werde. Zwei Asphaltstreifen rechts und links vom Schienenstrang, und die neu gewonnene Mobilität würde der Insel einen ökonomischen Schub sondergleichen bescheren. Die Kassen der Vermieter, Kneipiers, Klamottenläden und Edelköche würden Sturm klingeln, und nebenbei dürfte die Bahn sogar noch eine Maut kassieren, die unterm Strich der gesamten deutschen Bevölkerung zugute käme.

Durch den Wegfall der Autozüge würde die Nord-Ostsee-Bahn einen Pünktlichkeitsgrad von über hundert Prozent erreichen mit der Folge, dass die auf der Insel tätigen und bei Klanxbüll wohnenden Lehrer pünktlich vor ihren Schülern stehen würden und nicht mehr wegen permanenter Zugverspätungen einen zwanzigprozentigen Unterrichtsausfall verursachen.

Konsequenz: Sylt würde Finnland pisamäßig überholen, und irgendwann würde die Anzahl der Nobelpreisträger der hiesigen Millionärsdichte entsprechen. Voilà: Man muss die Dinge nur konsequent zu Ende denken!

Neulich habe ich mal eine laue sommerliche Gartenparty mit dieser These aufgestachelt, ja aufgewühlt. Ich blickte nur noch in entsetzte Gesichter, zu Fratzen entstellt. Erbarmungslos und lautstark wurde ich mit Öko-Argumenten zugetextet. All die Grünen, die Kunsthandwerker und Anthroposophen, Veganer und Homöopathen, die eifersüchtig darüber wachen, dass auf dieser Insel nicht jeder Hinz und Kunz seinen Arsch in den feinen Sand drückt, weil dann das eigene Karma womöglich nicht mehr zu Entfaltung käme – sie alle versuchten, mich niederzubrüllen.

Nun gut, ich räume ein, wäre das Festland mit einer Straße an Sylt angeschlossen, würde die halbe Welt auf uns zurollen: Kesselflicker, Hörgeräteakustiker, reisende Teppichhändler mit überdimensionalen, gezwirbelten Schnurrbärten, Kleinzirkusse mit Tanzbären, die dann hier überwintern und Weihnachten mit lahmen Lamas in der Friedrichstraße stehen und um Futterspenden für die hungernden Tiere bitten – all diese Figuren wären urplötzlich da.

Oder, besser noch: Die Hells Angels aus Flensburg schauen mal für ein Wochenende vorbei, weil sie gehört haben, dass die Sylter ein Faible haben für chromblitzende Harleys mit hörbar frisierten Motoren.

Okay, solche Sondererscheinungen sind denkbar, jedoch nicht zwangsläufig. Vor allem ist deswegen doch meine hochexplosive These nicht schlecht. Jedenfalls ist sie als Debattenbeitrag bestens geeignet, öde Feierlichkeiten kräftig zu beleben …

Entschleunigungsprogramm

Voll im Trend: Auf Sylt bestimmen jetzt die
Langsamen das Tempo

Peter Störtenbecker kutschiert mit Pferd und Wagen Urlauber über die Insel Sylt. Dabei kommt es immer wieder vor, dass sich sein malerisches Gefährt als unüberholbar erweist wie ein Schwerlasttransport mit Überbreite nächtens auf der Autobahn. Denn das Gespann kriecht im Stile einer Wanderdüne über die schmalen Inselstraßen. Wer das Pech hat, dasselbe Ziel anzusteuern wie Peter Störtenbecker mit seinen beiden Kaltblütern, der hat – mit Verlaub gesagt – die Arschkarte gezogen.

Denn Störtenbecker hat seine Spazierfahrten mit dem Pferdefuhrwerk zum modernen Entschleunigungsprogramm fortentwickelt – gleichermaßen für Sylter und Urlauber. Wer glaubt, schnell mal von Kampen nach Keitum heizen zu sollen, weil es seine Madame nach einem hippen Cashmerefummel verlangt, kann hundertmal im Ferrari sitzen, kann Vorstandsvorsitzender eines DAX-Unternehmens sein oder regelmäßig auf die MS Europa eingeladen werden: Er ist geliefert, sobald am Horizont Störtenbeckers Kutsche erscheint.

Dann heißt es, voll in die Bremsen, runter auf sechs Stundenkilometer, im Fahrersitz total entspannen und nicht hingucken, wenn rechts eine Gruppe aufgeregter Nordic Walkerinnen zum Überholen ansetzt.

Die Autoschlange wird lang und länger, die Zeit scheint stehen zu bleiben. Gleichzeitig glaubst du, deinen persönlichen Alterungsprozess zu verspüren, und während dein Maranello-Bolide über die frisch gefallenen, noch dampfenden Pferdeäpfel holpert, verengen sich deine Augen zu schmalen Schlitzen, das Ende von Toleranz und Nachsicht scheint erreicht!

Okay, der Sylt-Gast ist in ähnlichen Situationen geübt, gestählt. Er hat längst akzeptiert, dass sich etwa an Ostern die Autoschlange vor dem Niebüller Verladebahnhof bis Risum-Lindholm hinzieht und der Parkplatz an der Sansibar so überfüllt ist wie der vor der HSV-Fußballarena an einem Bundesligaspieltag. Was nicht heißen soll, dass ich rate, lieber den Bus zur Sansibar zu besteigen. Denn mit einem öffentlichen Verkehrsmittel in die Sansibar, das wäre so, als wählten die Veganer einen Schlachtermeister zu ihrem Verbandspräsidenten.

Doch dann – auf einmal – stülpt sich die Gnade der Entschleunigung über dich. Du haderst nicht mehr, warmes Glücksgefühl durchströmt dein Sonnengeflecht, und du begreifst die Schrittgeschwindigkeit als Geschenk des Himmels. Du lauschst dem Gesang der Lerchen in der Kampener Heide, kannst entspannt überlegen, ob du den Goldanteil in deinem Portfolio ausweitest, darüber nachsinnen, ob in Südossetien wohl Ananas gedeihen, und beschließen, statt dir die Füße auf dem Weltwirtschaftsforum in Davos platt zu stehen, lieber zwei Wochen zum Meditieren ins Kloster einzurücken.

Stunden später biegt Peter Störtenbecker plötzlich links ab, du erschrickst, lässt deinen Boliden aufheulen und rauschst mit einem Glückslächeln, mehrere Mantras vor dich hinmurmelnd, deinem Fahrziel entgegen. Was der Dalai Lama für Bibliothekarinnen, Homöopathinnen und Kinderbuchillustratorinnen darstellt, ist der Kutscherknecht für die Sylter Autofahrer: Er schenkt ihnen Einkehr, Besinnung, Läuterung und hemmungsloses Glücksweinen.

Schon haben die Sylter Tourismuszentralen den neuen Ruheengel ins Visier genommen und arbeiten daran, das objektive Verkehrshindernis Störtenbecker als Ausdruck eines neuen bundesweiten Besinnlichkeitstrends zu verkaufen. Aufmerksam wurden die begnadeten Marketingstrategen durch ein Gerücht. Danach sollen die ersten Leistungsträger und Entscheider in unserem Lande ihre Sylt-Aufenthalte bereits mit dem Kutschfahrplan des Entschleunigungsgurus Störtenbecker synchronisiert haben …

Sittenverfallserscheinungen

Millionen Chinesen fluten nach Europa – ohne Papiertaschentücher

Um sich für die Olympischen Spiele vorzubereiten, wurde die chinesische Bevölkerung von der Regierung auf gutes Benehmen getrimmt. Das war nachahmenswert und fand unsere Anerkennung. Man bedenke: China war schon eine Hochkultur, als unsere Vorfahren sich noch mit schweren Gerätschaften wechselseitig die Schädel einschlugen. Viel später, zu Maos Zeiten, war im Reich der Mitte proletarisch-bäuerliches Verhalten angesagt. Dazu gehörten drängeln, laut rumschreien, schmatzen und ständig ausspucken, eine Eigenart, die sich Jugendliche aus Trabantenstädten zur unverzichtbaren Freizeitbeschäftigung erkoren haben. Es sieht aber auch zu schön aus, wenn so ein Schnösel – fünfundsiebzig Prozent der Mädchen machen auch schon mit – langsam den Speichel über die Unterlippe rinnen und zu Boden tropfen lässt. Heutzutage ist so'n Saukram in besseren chinesischen Kreisen, welche sich hochelegant in gefakten Armani- oder Versace-Klamotten durch die Straßen bewegen, verpönt.

Feines Benehmen und rücksichtsvolles Verhalten adeln den deutschen Bürger seit jeher: Meine Frau und ich zum Beispiel, wir unterhalten uns extrem leise, weil wir nicht möchten, dass Mitmenschen möglicherweise beim Meditieren gestört werden. Auch die Nahrungsaufnahme wird bei uns nicht von Geräuschen begleitet, und wo sich eine Warteschlange gebildet hat, stellen wir uns klaglos an deren Ende.

Okay, ich räume ein: Selbst wir hier auf Sylt könnten noch dazulernen. Frauen sollten beispielsweise keine bauchfreie Mode tragen, wenn sie die fleischige Schärpe einer „Miss Bratwurst" auf der Hüfte tragen. Fettleibige Senioren sollten es vermeiden, mit freiem Oberkörper über die Promenade zu flanieren. Und wer beim Bäcker ansteht, sollte das Handy ausstellen. Stumpfsinnige Telefonate mit Daheimgebliebenen über Wetter und Wassertemperatur öden unfreiwillige Mithörer total an. Und, um eine verdammte Unsitte aus meinem Alltag bei der Gelegenheit auch mal anzusprechen: Wer während einer Kleinkunstveranstaltung knisternd einen Hustenbonbon aus der Verpackung schält und hernach das Bonschepapier weiter knautscht, faltet, entknittert, strippst und strappst, der verdient es, in lodernden Fegefeuern weich gekocht zu werden.

Sollte allerdings die frühere Angewohnheit der Chinesen, ständig rumzurotzen, sich öffentlich geräuschvoll von seinen Sekreten zu verabschieden, bei uns über alle Generationen und Einkommensschichten Sitte oder gar Pflicht werden, würde ich meine Hand, meine Stimme und am Ende vielleicht auch mich selbst erheben, um entschieden zu protestieren. Die Unterschichtsangehörigen in China, so erklären es uns die Ethnologen, finden es ultra-eklig, ihren eigenen, sämigen Speichel herunterzuschlucken, und rotzen ihn deshalb – flopp! – einfach auf den Gehweg.

Nun höre ich schon den Einwand: Wo liegt das Problem? Wir müssen da ja nicht hinfahren. Schon richtig, wenn ich nicht kürzlich gehört hätte, dass allein im nächsten Jahr einhundertvierzig Millionen Chinesen Auslandsreisen unternehmen wollen. Und knapp die Hälfte davon wird in Deutschland erwartet, in unserem Hochgeschwindigkeitsland zwischen Schwarzwald und Drosselgasse. Die Gäste aus dem Reich der Mitte werden in Frankfurt landen, sich einen Daimler oder BMW mieten und dann ohne Limit über unsere Autobahnen heizen. Und wenn sie bei zweihundert Stundenkilometern aus dem Fenster spucken, weil sie das im Ampelstau von Peking genauso machen, dann haben diejenigen Pech gehabt, die dahinter fahren.

Doch das sind halt die Begleiterscheinungen – neudeutsch: Kollateralschäden –, kurzum: die Schattenseiten einer ausufernden Tourismus-Industrie. Wir auf Sylt wissen an dieser Stelle, wovon wir reden ...

Verweißelungen

Die Klimaveränderungen ängstigen viele,
doch Rettung naht wie so oft aus Nordamerika

Der US-amerikanische Energieminister Steven Chu
hat eine aufsehenerregende These ersonnen: Es sei ein
Leichtes, so Chu, die unsere Atmosphäre aufheizenden
Sonnenstrahlen postwendend ins All zurückzusenden,
indem wir ihnen einfach die Farbe *Weiß* entgegensetz-
ten. Würden wir also unsere Hausdächer, die Straßen
und sämtliche Pkw nebst Bussen schnee*weiß* einfärben
beziehungsweise lackieren, würde die Wucht des sen-
genden Planeten reflektiert und zugleich unschädlich
gemacht. Die Sommer würden weltweit abkühlen.
Folge: Klimaanlagen in Automobilen und Wohnhäu-
sern würden entlastet, fossile Energieträger eingespart
und der zügige Anstieg des Meeresspiegels wie von
Zauberhand gestoppt werden.
Selbstverständlich hätte auch die Ver*weiß*elung unserer Städte und Landschaften Nachteile wie jeder andere menschliche Eingriff in naturgegebene Abläufe. Der
erste liegt auf der Hand. Stiege der Nordseepegel nicht
weiter, entfiele die fest einkalkulierte Flutung der Nie-
derlande, und wir müssten uns weiterhin bei Fußball-
Weltmeisterschaften mit den zähen, von Ehrgeiz zer-
fressenen Oranje-Kickern abplagen.

Das Charmante an Steven Chus Jahrhundertidee ist, dass praktisch alle sich kreativ einbringen können. Ich zum Beispiel habe folgende Variante ausgebrütet: Wenn ich mit vier *Weiß*bier im Kopf am Steuer meines *weiß* lackierten Geländewagens in eine Polizeikontrolle *weißer* Mäuse gerate, dann bin ich mit denen rein farblich betrachtet auf „Augenhöhe". Durch meine *Weiß*-Beiträge wird das Vergehen gegen eine kleinkarierte Blutalkoholrichtlinie locker kompensiert. Motto: Umweltmoral schlägt Verkehrsdelikt.

Selbst anerkannte Nichtsnutze würden durch Chu aufsteigen zu Rettern unserer Lebensbedingungen. Ich nenne hier nur jene stadtblassen Urlauber, die unsere Sylter FKK-Strände bevölkern. Da sie der Sonne notorisch ihre *weißen* Hinterteile entgegenstrecken und damit einen Beitrag zur Brechung der gefährlichen Strahlen liefern, stünden sie ethisch fortan auf einer Stufe mit den Walschützern von Greenpeace.

Weiße Kühe stiegen ihrer Schadstoffneutralität wegen sowohl im Ansehen wie im Preis. Dabei würden sie zwar weiterhin Methangase auspupsen und -rülpsen, aber mit ihrem hellen Fell Kompensation betreiben. Selbiges gilt für *weiße* Hasen, Katzen und Tauben, die als Friedenssymbole aber sowieso schon ein recht hohes Ansehen genießen.

Ich selbst kann von mir bei aller Bescheidenheit ohnehin behaupten, ein vorbildlicher Energiesparer zu sein.

Das heimische Fernsehen ist ja bekanntlich einer der größten Klimakiller überhaupt. Nicht bei mir! Ich nutze ein körperliches Manko meines Nachbarn, der abgrundtief schlecht hört und deshalb sein TV-Gerät immer höllisch laut dreht. Anfangs hat mich das genervt, inzwischen mache ich mir den Lärmpegel zunutze. Kurz vor zwanzig Uhr nehme ich Platz auf meiner *weißen* Wohnzimmercouch, schau auf die *weiße* Wand, die mich zumindest visuell von meinem Nachbarn trennt, und höre das Wetter im Ersten, die Börse im Ersten und die ARD-Tagesschau. Da erleidet man praktisch keinen Verlust, wenn man das Bild nicht sieht. Der Informationsgehalt bleibt identisch.

Musikantenstadl, Talkshows und Ratesendungen sind ohne dass man die Hauptdarsteller sehen muss sowieso besser, und Krimis haben alle die gleiche Dramaturgie: Hast du einen gesehen, hast du alle gesehen.

Selbst wenn, wie im konkreten Falle, zwischen dem Fernsehkasten und mir während des Tatorts eine Wand steht, bin ich imstande, die Spannung vortäuschende Musik im Verein mit den kruden Dialogen sowie Schussgeräuschen aus einer „Walther P99 compact" so auszudeuten, dass die dazu passenden laufenden Bilder automatisch in meinem Kopf entstehen. Dabei unterhalte ich mich köstlich.

Also, ich glaube den Thesen und Visionen des Steven Chu aus Amerika. Schließlich wurde er schon 1997 mit dem Nobelpreis für Physik ausgezeichnet. Und er wird uns mit seinem genialen Plan doch wohl nicht für dumm verkaufen, ähh, etwas *weiß* machen wollen …

Familienfestfreuden

*Zünftige Feten im engen Verwandtenkreis haben
ihren eigenen Charme*

Es ist immer dieselbe Krux mit der Feierei. Da wird der
Opa 85 Jahre alt, da steht die eigene Silberhochzeit
bevor, oder die Tochter beabsichtigt, den Bund fürs
Leben zu schließen. Egal, in jedem Fall muss das jewei-
lige Ereignis angemessen zelebriert werden. Opa ist
zwar schon ein bisschen tütelig, die Krawatte tunkt er
regelmäßig in den Suppenteller, aber das zu erwartende
Erbe ist beachtlich. Da muss man als Verwandter ersten
Grades schon mal so eine Mörderparty mit achtzig Per-
sonen auf die Beine stellen. Sonst meutert der Senior.
Oder die Verehelichung der Tochter. Endlich unter der
Haube! Wir waren schon voller Sorge, dass sie zur
schrulligen Tante des Familienclans degeneriert. Gut,
der Schwiegersohn ist grenzwertig, tollpatschig wie ein
Yeti und auch noch Festlandsdeutscher, soll aber nach
Angaben Dritter Jura studiert haben.
Und dann wird gefetet, bis die Schwarte kracht, im
Dorfgasthof. Riesige, runde Zwölfertische, eine Drei-
mann-Combo aus Drüsenbüttel an der Luhe werden
gebucht und das Menü abgesprochen – norddeutsch-
deftig, fetttriefend, mit Mehlsoßen, in denen der Löffel
senkrecht stehen bleibt.

Als optischer Genuss übt sich vor dem Hauptgang die Jazztanzgruppe vom örtlichen Turnverein im Synchronhüpfen, und vor dem Dessert erzählt Onkel Paul seine puppenlustigen plattdeutschen Döntjes. Sie sind zwar immer mächtig versaut, aber die Frauen quieken wie die Ferkel. Ein von Soziologen bislang wenig erforschtes Phänomen.

Eingeladen werden selbstverständlich auch die Nachbarn, der Pastor nebst Gattin, der Apotheker mit Assistentin und – das gibt Pluspunkte ohne Ende – Opas einzig überlebender Kriegskamerad mit Rollator.

Zum offiziellen Beginn des Programms sind die meisten Gäste bereits stark angeheitert, weil am „Entree" ein Begrüßungsschluck, wahlweise Aldi-Sekt „Stolzenfels" oder ein geeler Köm der Marke Schwarzbrand, gereicht worden war.

Der Brautvater hält die Festrede, redet dem Schwiegersohn ins Gewissen, seiner Tochter stets unverbrüchlich treu zu sein, weil er sonst, das sei im Dorf üblich, ins Jauchefass gedrückt werde. Der Schwiegervater meint das als Gag, aber lustig zu sein ist eben schwer. Die Pointe scheitert, und dem Schwiegersohn stockt der Atem.

In einigen Gruppen kommt es zu keinerlei Kommunikation, weil sie sich an ihren klobigen Zwölfertischen nicht mit ihrem Gegenüber unterhalten können, es sei denn, sie würden einander anschreien.

An den kleineren Tischen geht's kaum besser zu. Rechts sitzt der eigene Ehepartner, mit dem man nix mehr zu bereden hat, und links sitzt so'n obskurer Schwager aus Schwaben. Der kommt angeblich aus Pfullingen, kann kein Hochdeutsch, schwätzt nur unverständliches Zeug. Also schweigt man vier Stunden.

Die Uralten sitzen mit dem Rücken zur Bühne, zum prallen Leben. Die drehen sich auch nicht mehr um. Die sitzen da, schauen auf das gammelige Hirschgeweih an der Wand, auf die in Öl gemalte Heidelandschaft und die Boßelpokale der Dorffeuerwehr. Die Batterie des Hörgeräts ist längst leer, der Kaffee Hag schmeckt wie Spülwasser, und die Kellnerin hat ein Zungen-Piercing.

Bei der Jazzdance-Performance springt der Adipositas-Tochter von Bauer Petersen eine Brust aus dem Top, was die Stimmung und die Temperatur im Saal für einen Moment hochschießen lässt. Der Sänger der Ententanz-Combo ist schon vor Mitternacht sturzbetrunken, fällt von der Bühne und reißt die Trockenblumendeko mit ins Unglück.

Später dann, auf der Heimfahrt nachts um drei, rauscht der frischgebackene Ehemann in die Polizeikontrolle. Er muss der Polizei zum Auftakt seines hoffnungsvollen neuen Lebensabschnitts einige Tropfen Blut und den Führerschein abtreten.

Und falls Sie nun meinen, dass sei aber ein trauriges Ende der Feier gewesen – mitnichten! So endet bei uns in der Gegend jedes zweite Fest. Wir sind schließlich keine Spaßbremsen ...

Freizeitforschungsergebnisse

*Mit Ausnahme von Schachspielern verplempert
der moderne Mensch seine Lebenszeit mit sinnlosen
Beschäftigungen*

Es gibt verschiedene Arten, herauszufinden, zu erfor-
schen, wie die Deutschen leben, speziell, wie sie ihre
Abende verbringen. Zahllose sozialwissenschaftliche
Studien geben darüber Auskunft, nicht immer pri-
ckelnd dargeboten, aber faktenreich. Vor allem: Was
wir darin zu lesen bekommen, ist empirisch untermau-
ert, das hat sich kein selbst ernannter Freizeitforscher
aus den Fingern gesogen.

Nun mag sich heutzutage ja kaum jemand mehr mit
Büchern beschäftigen, geschweige denn darin lesen.
Viel zu umständlich. Einfacher, bequemer und deutlich
interessanter ist es, den Menschen in die Fenster zu
schauen. Diese Methode ist gerade im Winter zu emp-
fehlen, wenn die Wohnungen hell erleuchtet und sämtliche Details gut erkennbar sind. Dabei bewährt sich die
aus Holland herübergeschwappte Mode, auf Gardinen
gänzlich zu verzichten. Wer glaubt, vor Dreck starrende
Scheiben würden einen ausreichenden Sichtschutz vor
Spannern bieten, täuscht sich übrigens gewaltig.

So gibt es vieles zu entdecken beim abendlichen Spaziergang um die Häuser. Da hängt das Fußvolk vor den

Sendungen des Unterschichtenfernsehens ab. Explosionen und Flugzeugabstürze tanzen über quadratmetergroße Flachbildschirme, wechseln sich ab mit Live-Übertragungen familiärer Kleinkriege, Partnerschaftsvermittlungen und Schuldnerberatungen, alles fein abgemischt mit Werbung, dargeboten von Mario Barth, dem Idol des Prekariats.

Szenenwechsel am späten Samstagabend: Er hängt biersaugend auf dem Sofa ab. Profiboxen läuft, nichts für die Hausfrau, die sich unter schmollendem Protest eine „Gala" oder „Bunte" geschnappt hat, darin herumblättert und von wildem Sex mit Til Schweiger träumt. Würden wir jetzt das Mietshaus umrunden, könnten wir auf der anderen Seite die dazugehörige Brut beobachten, die in der eigenen Glotz- und Saufhöhle – vormals ihr Kinderzimmer – bei Internetspielen Tote zählt und für den nächtlichen Ausflug in die Discoszene vorglüht. Wer sich vor Mitternacht mit seiner Clique trifft, ist spießig, und wer es nicht bis in die Ausnüchterungszelle schafft, hat das Klassenziel der Nacht verfehlt.

Unbeleuchtete Wohnzimmer sind per se verdächtig. Allerdings gibt es einige plausible Erklärungsansätze, der simpelste: Die Bewohner schlafen schon oder noch. Verwirrte Paare könnten in der Volkshochschule den Kurs „Skulpturenbasteln mit Salzteig und Klorollen" belegt haben. Andere verbringen die Winter-

148

monate grundsätzlich auf Mallorca und hängen dort vor der TV-Kiste herum. Wieder andere sind selbst zu einem Abendspaziergang aufgebrochen und – Achtung! – lugen womöglich gerade in mein Wohnzimmerfenster. Ach nee, geht ja nicht, wir haben, ich mag es kaum zugeben, ja noch Gardinen und sogar ein Rollo, das wir bei Einbruch der Dunkelheit herunterlassen. Ja, so weit sind meine Frau und ich hinter der gesellschaftlichen Entwicklung zurück.

Das zeigt sich auch in anderen Bereichen. Die feine Lebensart, so wie ich sie propagiere, verbietet das Reden mit vollem Mund. Aber bis in die Hautevolee hinein hat sich diese Unsitte mittlerweile etabliert. Da sitzen sie in den vornehmsten Gourmetschuppen, stopfen sich Gänsestopfleber in den Hals und prahlen damit, wie sie das Finanzamt leimen und weiterhin cool ihre Millionenboni abgreifen. Inhaltlich stört mich das weniger. Mehr schon, dass sich in die klappernden und schmatzenden Kaubewegungen Töne der Artikulation mischen. Dabei ist auf dieser Welt erwiesenermaßen praktisch alles schon gedacht und gesagt worden. Mehrfach sogar. Nicht zuletzt deshalb wird Schweigen zu Recht als Gold bezeichnet.

Das gilt bezüglich des Denkens freilich nicht fürs Schachspiel, dieses seiner geistigen Tiefe und Vielfalt wegen von mir so geliebte, königliche Spiel. Wenn es allerdings von Dilettanten auf Promenaden und in öffentlichen Parkanlagen mit hydrantengroßen Figuren dargeboten wird, handelt es sich nur selten um einen ästhetischen Genuss.

Ich weiß aus Erfahrung: Eine Partie gliedert sich normalerweise in drei Abschnitte, die Eröffnung, in der du bemüht bist, deine Figuren in Stellung zu bringen, das Mittelspiel, in dem du glaubst, die bessere Stellung erobert zu haben, und das Endspiel, bei dem du plötzlich erkennst, dass du auf verlorenem Posten stehst ...

Hotelerlebniswelten

*Es gibt Menschen, die es lieben, in Hotels zu woh-
nen – mir reichen gelegentliche Übernachtungen*

„Beim Duschen den Vorhang immer nach innen!" Das
sollen auf dem Sterbebett die letzten Worte von Con-
rad Hilton, dem Begründer der weltweit bekannten
Hotelkette, gewesen sein. Grund: Wenn der Vorhang
außerhalb der Badewanne hängt, tropft es auf den ge-
kachelten Badezimmer-Fußboden. Das quälte Hilton
senior anscheinend bis zum letzten seiner Tage.

Gut, dass er nicht mehr erleben muss, was sich heutzutage in Hotels so alles abspielt. Ich bin eine Art Kron-
zeuge, schon aufgrund meines beachtlichen Erfah-
rungsschatzes. Denn bereits als junger Spund habe ich
gern und oft Radwanderungen unternommen – in
Deutschland, im Ausland und mitunter auch ganz weit
weg. Seitdem kenne ich mich mit Jugendherbergen
oder Backpacker-Hostels ebenso gut aus wie mit den
gefürchteten britischen Bed-and-Breakfast-Unterkünf-
ten.

Wenn ich heutzutage auf Gastspieltournee bin, ent-
scheide ich mich grundsätzlich für Hotels der besseren
Kategorien, und falls der Veranstalter bezahlt, checke
ich auch mal in einem Fünf-Sterne-Schuppen ein.
Willkommener Nebeneffekt: In einem Hotel ist

immer was los, da habe ich Sachen erlebt, unglaublich! Im Übernachtungsgewerbe gilt bekanntlich der hehre Grundsatz, dass der Direktor in jedem seiner Hotelbetten mindestens eine Nacht verbracht haben sollte, damit er genau weiß, was er verkauft. Ich komme anscheinend nur in Häusern unter, wo die Herren Direktoren sich um solche ungeschriebenen Gesetze einen Dreck scheren.

Einige dieser Inhaber oder leitenden Angestellten haben ihre Karriere vermutlich als Betreiber von Seniorenheimen begonnen, wo die Inkontinenz wohnt. So jedenfalls erkläre ich mir, dass manchmal merkwürdig beschichtete Matratzenauflagen unters Laken geschummelt werden. Die Folge: Die Körperwärme kann nicht nach unten in die Matratze abstrahlen, und der Gast liegt stundenlang wach, weil ihm so elend heiß ist, als hätte man ihn unmittelbar auf einen Heizkörper gebettet.

Dass die meistenteils innen liegenden Nasszellen mit einer Entlüftung ausgestattet sind, finde ich lobenswert. Dass diese Entlüfter jedoch nach dem Löschen des Lichts noch zwanzig Minuten weiterlaufen, und zwar rumpelnd wie bei Bauer Knudsen im Schweinestall, das kapiere ich nicht. Nicht mal, dass die Schweine sich daran nicht stören.

Anderes Beispiel: In einem Hotel in Kropp sprang morgens um vier Uhr dreißig der Radiowecker im

Nebenzimmer an. Das war unbewohnt, die Weckzeit-eingabe wohl der Abschiedsgruß eines früheren Gastes. Die Rezeption erwies sich als unbesetzt, und ein entsetzlich schräger Weckton tönte ohne Unterlass. Ich sach mal so: Da nützt dir deine ganze christliche Erziehung nichts, da baut sich so viel Hass in dir auf, das reicht für einen tagesschauwürdigen Amoklauf!

Oft versuche ich, im Vorfeld der Übernachtung die Weichen zu meinen Gunsten zu stellen. In einem Hotel an einer stark befahrenen Straße bat ich um ein ruhig gelegenes Zimmer nach hinten zum Hof. Der Plan ging tatsächlich nach hinten los. Um zwei Uhr nachts schmetterte das Reinigungspersonal die geleer-ten Weinflaschen des letzten halben Jahres in den Glas-container, und gegen sieben Uhr kam dann die Müll-abfuhr. Lautstark krachte die Beute in den Lkw. Kaum waren die weg, begann der „Clean-Service" mit vorsint-flutlichem Gerät den Korridor zu saugen – ein Weck-dienst der besonders horriblen Art. Da stehst du auf verlorenem Posten.

Umzugehen weiß ich mittlerweile mit Damen an der Rezeption, die dauernd telefonieren, statt den vor ihnen stehenden Gast zu bedienen. Als mir das mal wieder passierte, tippte ich heimlich die Nummer des Hotels in mein Handy und drückte auf das grüne Hörersymbol, als sie gerade mal wieder aufgelegt hatte und ich nun eigentlich „dran" gewesen wäre. Doch ohne Blickkontakt zu mir aufzunehmen, murmelte sie „…tschuldigung" und griff erneut zum Telefon. Und da war ich ja nun dran! Ich führte mein Klappmodell ans Ohr und blaffte: „Herzilein, hallooo! Ich stehe direkt vor Ihnen und möchte seit zwanzig Minuten einchecken!"

Sie bekam erst einen Schreck, dann dunkelrote Ohren, bat wortreich um Verzeihung und buchte mich schließlich – als Kompensation und ohne Aufpreis – um in eine Royal-Deluxe-Spa-Suite.

Da sage noch einer, der Service im deutschen Hotelwesen sei hoffnungslos verseucht und versifft …

Angstszenarien

Der Mensch hat Bammel, solange er lebt – manche sind sogar richtige Waschlappen

Durch die gesamte Evolution hat Angst den Menschen begleitet. Ständig fürchteten die Leute sich, schlotterten angesichts eines Säbelzahntigers, eines drohenden oder sich entladenden Gewitters. Sie ängstigten sich vor den Häschern des Herrschers – und den Rest besorgte das von den Kanzeln unheilschwanger verkündete Jüngste Gericht. Wenn Angst tatsächlich ein schlechter Ratgeber ist, dann müssen viele Generationen fehlgeleitet gewesen sein.

Heute leben wir angstfrei, jedenfalls was die Säbelzahntiger betrifft. Gut so, ein Fortschritt, wenn da nur nicht die Feigheit vorm Zahnarzt wäre, vorm Urologen, und bei manchen kommt ja noch die Urangst vorm Fliegen dazu.

Ich selbst habe lange Jahre in den Nächten vor Zahnarztbesuchen tiefe Ovale in meinen Wohnzimmerteppich gelaufen, kaltschweißig habe ich mich des Morgens in die Praxis geschleppt, wo der Weißkittel mir die Backentaschen mit spröden Wattetampons vollstopfte. Und als er sich dann mit seinem Bohrhammer und voller Hinterlist von rechts hinten heranschlich und seine blonde Handlangerin von links den Saugdümpel rüberrüsselte, habe ich ihn noch schnell ablenken wollen, habe gefragt, ob wir nicht noch mal über alles reden sollten. Daraufhin warf der dickköpfige Dentist wortlos den singenden Motor seines Vorbohrers an. Im verzweifelten, letzten Anlauf bot ich ihm Bargeld, aber er grummelte nur, meine Knete bekomme er sowieso, ich solle die Klappe halten und das Maul aufreißen!

Heute lasse ich mich von einem veritablen Prominentenzahnarzt behandeln, der mich mit kreuzlangweiligen Geschichten aus seinem Golfclub betäubt. Das ist mal eine Naturheilmethode garantiert ohne Nebenwirkungen. Anschließend vernehme ich durch das Gejaule und Gerumpele des Bohrers hindurch verschwommen seine Schilderungen aus der prickelnden Welt der Steuersparmodelle, derweil die junge, aparte, glutäugige Assistentin meine Hand hält.

Viele Sylter kennen einen hier ansässigen Urologen, der Blasenspiegelungen mit einem Gerät vornimmt, das andernorts als Museumsexponat Staunen oder Gekicher auslöst. Zu diesem Urologen wagen sich nur Männer von echtem Schrot und Korn. Sie müssen mit Mut gesegnet sein, müssen ausdauernd, tapfer und vor allem schmerzunempfindlich sein. Da dünnt sich die Zielgruppe schon spürbar aus. Viele investieren in dem Fall doch lieber in eine sündhaft teure Fahrkarte aufs Festland.

Mein Schwager Berthold gehört zweifelsfrei zur Kategorie der Memmen. Darüber hinaus ist er die fleischgewordene Flugangst. Neulich wollten wir von Westerland nach Hamburg fliegen. Bertholds dritte Zähne klapperten wie Kastagnetten, das Gesicht nahm einen gräulich-grünen Teint an, die Knie schlotterten, und die Augen sahen aus wie schlecht verheilte Schusswunden. Ich wollte ihm Mut zusprechen und zischte ihn an: „Mensch, Berthold, entspann dich! Wir haben einen extrem erfahrenen Piloten. Schau mal, die vier Sterne auf seinen Schulterklappen bedeuten, dass er schon vier Bruchlandungen überlebt hat." Es sollte eigentlich nur ein Scherz sein, um seine morbide Stimmung aufzuhellen, aber mein Schwager reagierte komplett verkehrt, hyperventilierte, wimmerte kläglich und erbrach sich zielsicher auf das Gepäckförderband, das daraufhin automatisch ansprang und Bertholds Frühstück handwarm durch den Zoll rumpelte.

„Lieber ein Feigling als ein Leichnam", sagt ein irisches Sprichwort, die Lappen hingegen wollen festgestellt haben: „Feigheit verlängert das Leben nicht." Wem sollen wir glauben? Wäre Berthold nicht so ein ausgewiesener Trottel, könnte man ihm mit Erich Kästner Absolution erteilen. Der hat mal gesagt: „Wenn einer keine Angst hat, hat er keine Fantasie." Ich finde, dieser Aphorismus trifft mehr auf mich zu …

Auswärtsspielprobleme

Auftritte bei zügellosen Privatpartys sind nur
selten das pure Vergnügen

Viele Menschen glauben ernsthaft, so ein Bühnennarr wie ich hätte einen Traumjob. Beifallumtost auf Brettern von Weltbedeutung zu stehen – es könne doch nichts Schöneres geben.

Diese Vorstellung hätte tatsächlich etwas für sich, wenn nicht immer wieder Privatpersonen rauschende Feste feierten, für die sie mich dann buchen. Sie mieten das erste Haus am Platz, nehmen ferner eine Dampfkapelle unter Vertrag und schmücken den Festsaal, so bunt und geschmacklos es nur irgend geht.

Mein Job als Gaukler und Komödiant besteht im Kern darin, für das Volk im Saal herumzukaspern und dafür zu sorgen, dass den herausgeputzten Damen durch Lachtränenströme Eyeliner und Wangenrouge zerfließen.

Schon weit vor Mitternacht werden auf solchen rustikalen Feierlichkeiten die ersten Krawatten, anschließend die Jacketts und schlussendlich sämtliche Hemmungen abgelegt. Das Fest gerät außer Kontrolle, Ekstase auf der Tanzfläche und unter den Tischen, der Vorhof der Hölle öffnet sich!

Zum Glück ist meine Arbeit dann längst getan, und ich habe mich nach einigen belanglosen Dialogen mit dem gastgebenden Ehepaar und einigen hartnäckigen Verehrerinnen in meine Gemächer zurückziehen können. Leider handelt es sich hierbei nicht selten um ein hofseitiges Hotelzimmer im selben Hause, und zwar genau über dem bebenden Festsaal, wo besagte Kapelle die Volksmusik neu zu erfinden scheint. Eventuell noch vorhandene melodische Restbestände der Gute-Laune-Kracher werden ohnedies durch das morsche Bauwerk des Hotels weggefiltert, nur die Bässe kommen ungebremst zu mir heraufgerauscht und bringen die Flaschen in der Minibar zum Klappern.

An Schlaf ist nicht zu denken. Also zappe ich mich tapfer durch die Pay-TV-Programme, bis mir die Augen tränen, studiere die an Schranktüren getackerten Fluchtwege im Katastrophenfall, schaue zum Fenster hinaus in die besternte Nacht und hänge trüben Gedanken nach: Gibt es ein Leben vor dem Tod? Und wenn ja, warum spüre ausgerechnet ich nichts davon? Unter mir hat die Stimmung inzwischen den Siedepunkt erreicht. Das Volk tobt zur „Polonaise Blankenese" durch das Erdgeschoss, und kurz darauf lässt der „Ententanz" die Statik erzittern. Längst haben die unflätigsten Gäste das Kommando übernommen und brüllen unter Einsatz all ihrer Stimmkraft, assistiert von den anwesenden Damen, dass sie nun einen Puff in Barcelona aufsuchen wollten. Leider steht eine Realisierung dieser Ankündigung jedoch nicht in Aussicht.

Gegen halb zwei Uhr liege ich hellwach mit suppenteller-lergroßen Augen im Bett. Hatte der Wirt nicht davon geschwärmt, dass die Feste hier immer dauern, bis es dem frühen Morgen graut? Ich überlege, die Flucht Richtung Niebüll anzutreten. Allerdings würde ich dort drei Stunden auf den ersten Autozug warten müssen, und auch das angekündigte, extrem opulente Hotelfrühstück würde mir durch die Lappen gehen.

Irgendwann ebbt der Wahnsinn dann doch ab, so um vier Uhr zweiunddreißig erstirbt das Getöse der Zirkuskapelle in der Zappelbude unter mir, und ich stürze in einen erquickenden, von süßesten Träumen durchflimmerten Zweieinhalb-Stunden-Schlaf. Vergeben und vergessen ist der Radau des feiernden Packs.

Gegen Vormittag kreuze ich leicht gerädert und mental derangiert im Frühstücksraum auf, wo ich den Wirt noch dabei ertappe, wie er mit einem Bootshaken Dessous aus den Kronleuchtern angelt. Er schaut mich mit glasig-roten Augen an und lallt vergnügt: „Hömma, du Komiker, nächsten Samstag geht hier wieder die Post ab, aber diesmal 'ne richtig große Party, unser Anglerverein feiert sein Hundertjähriges. Da wollen wir dich wieder buchen – von wegen lustig und so. Willste den Job machen? Kriegst auch dasselbe Hotelzimmer wie heute Nacht, versprochen!"

Kinderkram

Ist es tatsächlich so, dass heutzutage nur noch der plumpe Irrsinn die Generationen eint?

Gibt man bei Google den Suchbegriff „Infantilisierung der Gesellschaft" ein, werden 9150 Eintragungen angezeigt. Verlebt man auch nur einen einzigen Tag auf Sylt, kann man ebenso viele Beispiele live verfolgen. Eher mehr. Als Großangriff auf Ästhetik und Humanität sind die sogenannten Junggesellen-Verabschiedungen zu deklarieren: Absurd verkleidete Knalltüten ziehen einen Bollerwagen hinter sich her, schwer beladen mit dem Übelsten, was die Spirituosenindustrie abfüllt. Der Oberdepp der Horde soll oder will in den nächsten Tagen in den heiligen Stand der Ehe treten. Nun darf oder soll oder will er noch einmal die Sau rauslassen. Der öffentliche Raum wird zur Theaterbühne, die Friedrichstraße wird durchinszeniert, das RTL-Dschungelcamp ist ein wahrer Scheißdreck dagegen.

Der Alkoholkonsum dieser Irrläufer ist längst nicht mehr gepflegtes Ritual kultivierter Geselligkeit. Man säuft „auf Wirkung", man säuft sich die Hemmungen weg, jeglichen Anstand, die Restbestände von Zivilisiertheit. Man pisst öffentlich, erbricht sich coram publico, es wird gerülpst und gegrölt – kurzum: Es wird allen Menschen kundgetan, dass der Bund fürs Leben, der da in Kürze geschlossen werden soll, von vornherein zum Scheitern verurteilt ist.

Doch das ist nur *ein* Beispiel. Es zieht sich wie ein roter Faden durch die Generationen. Einen deutlich über sechzigjährigen, ungelenken, übergewichtigen Mann aus einem Ferrari klettern zu sehen, das kann einem regelrecht das Herz brechen. Galt es früher als Zeichen von guter Erziehung und Liebenswürdigkeit, ältere Herrschaften über belebte Straßen zu begleiten, ist man hier geneigt, dem sichtlich Verkalkten mit zupackenden Griffen aus der Rettungsmedizin zum Ausstieg zu verhelfen. Dabei ist es nicht die nackte Not, die diesen Menschen treibt, sondern die Erfüllung eines Kindertraums. Den Ferrari begreift der Veteran unterbewusst als ein Spielzeug, das er sich seit Jahrzehnten gewünscht hatte: rot, laut und sündhaft teuer.

Anderer Präzedenzfall. Mein dreizehnjähriger Neffe aus Aschaffenburg war bei uns zu Besuch. Ein Waldorfschüler. Deswegen hatten wir uns sicherheitshalber mit Körnerkram und Bioquatsch eingedeckt, damit der Bengel bei uns im Norden keinen Kulturschock erleide. Meinen ökologisch grenzwertigen Geländewagen hatte ich in der Nebenstraße versteckt und die verstaubten Fahrräder aus dem Keller gewuchtet.

Und was war? Jeden Tag hat der Bengel bis zwölf Uhr mittags durchgeratzt, dann drei Nutellabrote reinge-

mampft und anschließend stundenlang wie angesto-
chen auf dem Handy herumgetastet: Brutale Killer-
spiele erregten sein zartes Gemüt.

In mühseligen Gesprächen mit ihm erfuhr ich, dass er
noch nie eine Tageszeitung gelesen und noch in keinem Buch geblättert hatte. Ideen für die Zukunft? Seinem Eurythmielehrer, der ihn jeden Morgen tanzen
lässt, würde er am liebsten „die Rübe wegballern".

Wo soll das alles bloß hinführen? Nur noch hedonisti-
sche Kindsköpfe um uns herum. Da mache ich mir
schon Sorgen um die Zukunft Deutschlands.

Doch es glimmen noch Hoffnungsfunken. Als ich vor-
gestern mein neues, scharfes Home-Video-Paket instal-
lieren wollte, scheiterte ich an der Pin-Eingabe zum
Öffnen der Erotikprogramme. Ich wollte schon verzweifelt aufgeben, als mein Neffe in die Wohnstube
hereingeschlarzt kam. Er sah das Elend, drängte mich
beiseite und benötigte keine drei Minuten, bis das Programm lief.

Seitdem bin ich am Grübeln. Tue ich der heutigen
Jugend womöglich Unrecht? Vielleicht sollte ich sie
doch mal an den Kriterien des elektronischen Zeit-
alters messen und nicht an denen, die mir einst mein
Urgroßvater mit auf den Lebensweg gab …

Kommunikationsverknappung

Über die segensreiche Wirkung des Schweigens im Vergleich zum wahllosen Geschnatter

Dass Kommunikation für den Menschen so wichtig sei wie Atemluft, dass ein Gespräch zu den unverzichtbaren Lebensbedürfnissen zähle wie Schlaf oder Zärtlichkeit, das ist natürlich totaler Schwachsinn. Genauso gut könnte man behaupten, die Erde sei eine Scheibe oder Dieter Bohlen ein Pop-Titan.

Der verbale Austausch von Belanglosigkeiten erfüllt die Atmosphäre lediglich mit einem schnatterigen Hintergrundgeräusch. „Schweigen ist Sache der Götter, nur Affen schwatzen", so lautet ein chinesisches Sprichwort. Da scheint mir was dran zu sein. In einer durchschnittlichen langlebigen Partnerschaft ist, spätestens nachdem die Kinder aus dem Haus sind, im Grunde alles gesagt. Und zwar mehrfach, manches tausendfach. Über neunzig Prozent dessen, was zwischen Wohnzimmer, Diele und Küche ausgetauscht wird, kannst du doch unmittelbar in die Tonne hauen: „Ich verstehe dich nicht!" oder, eine Umdrehung weiter, „Du verstehst mich nicht!". Von „Du liebst mich nicht mehr" über „Geh doch zu deiner Mutter zurück!" bis hin zu „Die kocht sowieso besser als du" reichen die Wortattacken und Beleidigungen, die als Dum-Dumgeschosse losfliegen und als Tintenkugeln auf der Seele des Gegenübers zerplatzen.

Falls Außerirdische irgendwann einmal die Erde aufspüren, dann wahrscheinlich nur deshalb, weil es hier wegen des pausenlosen Daherredens und Dahinplapperns so verdammt laut zugeht.

Dabei sind die innerehelichen Dispute ja höchstens die Spitze des Eisbergs. Nehmen wir nur die Unsitte des gegenseitigen Einladens oder das stundenlange Abhängen an Kneipentresen. Da wird kostbarste Lebenszeit sinnlos verbrannt. Man schüttet benebelnde Flüssigkeiten in sich hinein, unabhängig davon, ob man überhaupt Durst hat, man hört sich die idiotischsten Geschichten an, bis einem die Ohren piepen, und das Schlimmste: Man muss auch noch eigene Diskussionsbeiträge beisteuern, mitreden, Meinungen abliefern, nur um Interesse an den kruden Thesen und Meinungen der Mittrinkenden vorzugaukeln. Über Stunden Aufmerksamkeit heucheln. Hohle, gern benutzte Floskeln vom Kaliber „Mensch, das ist ja toll!" oder „Gibsjagarnich" – die verursachen bei mir mittlerweile Kopfschmerzen. (Dass meine Frau behauptet, der Brummschädel käme wohl eher von Bier und Köm, das ist auch schon wieder so'n Spruch für die Tonne.)

Doch zurück zu jenen ehelichen Partnerschaften, die durch eine krasse Überdosis von Text in Mitleidenschaft gezogen werden. Wenn ich mich beispielsweise in den Theatern und Kursälen des Landes abkaspere und meine Zuckerschnute am Buchtisch nach dem Schlussapplaus meine gedruckten Werke verhökert, dann hat sie sich zuvor meinen eher unstrukturierten Bühnenvortrag zum gefühlten tausendsten Male anhören müssen, die Ärmste. Doch längst haben wir einen Königsweg aus dem Dilemma gefunden. Zum Ausgleich und als Belohnung schweige ich sie den Rest der Woche in unserem Alltag gnadenlos an. Also, auf mich wirkt sie, als sei sie dafür ausgesprochen dankbar.

Für diese Annahme spricht einiges, ja, ich habe sogar handfeste Beweise in der Hand. Im vergangenen Jahr beispielsweise habe ich sie in einem Anfall von Unvorsichtigkeit unseren Haupturlaub organisieren lassen. Ihre Wahl fiel auf Mallorca, kein überbordend origineller Einfall, wie mir schien. Doch meine private Reiseleiterin hatte die ihr unverhofft zugewachsene Kompetenz keck eingesetzt und es so organisiert, dass wir zwar am selben Ferienort, aber in unterschiedlichen Hotels Quartier nahmen.

Die Folge: In den drei Wochen sind wir uns nur per Zufall einmal im Café begegnet. An unterschiedlichen Tischen sitzend, winkten wir uns fröhlich zu. Auf dem Rückflug haben wir dann wieder nebeneinander gesessen – die Buchung ließ nichts anderes zu.

Bevor ich Zweifel vorbringen konnte, ob das nun die ideale Form eines gemeinsamen Urlaubs sei, hatte sie schon die Initiative ergriffen: „Also Schatz, ich muss dir sagen, ich habe mich prächtig erholt." Glücklicherweise kriegte ich gerade noch die Kurve und zwitscherte zurück: „Ja, mir geht's genauso, es war irgendwie so friedlich, fandst du nicht auch?!"

Leistungsexplosionen

Mittelmaß reicht nicht mehr – moderne
Kurgastbetreuung fordert Heldentaten

In der Hauptsaison gibt's für jeden Sylter Einwohner mächtig viel zu tun. Die Insel ist voll bis zum Stehkragen, da müssen alle an ihre Leistungsgrenzen gehen. Jeder einzelne Gast gilt bei uns als Monarch von höchstem Adelsgeschlecht, welcher zu Recht und zu jeder Zeit absolute Topleistungen erwarten darf.

Auch ich selbst bin stets bemüht, mich im Hochsommer zu verausgaben wie Bruce Springsteen bei einem seiner legendären, vier- bis fünfstündigen Rockkonzerte. Wenn ich auf der Bühne stehe, feuere ich, wenn mir welche einfallen, besonders fetzige Pointen ab, sodass mein Publikum sich vor Begeisterung buchstäblich überschlägt und tosender, nicht enden wollender Beifall aufbraust. Ich übertreibe nicht, wenn ich sage, dass dann mitunter die Scheiben zu zerspringen drohen. Zum Glück spiele ich meistens in Sälen ohne Fenster. Doch ich gebe zu, ich arbeite mit einem kleinen Trick, um den Stress durchzuhalten. Noch während oder nach solchen ekstatischen Ausbrüchen der Zuhörer lege ich schnell mal einen kleinen Sekundenschlaf ein. Das beherrsche ich, das hab ich mir antrainiert. Das merken die da unten gar nicht.

Sie, liebe Leser, kennen das wahrscheinlich vom Autofahren. Da fahren Sie in Schleswig auf die A 7, denken, jetzt kommt gleich Tarp, und plötzlich taucht das Ortseingangsschild von Flensburg auf, und Sie fühlen sich taufrisch und ausgeschlafen. Da hatte sich Ihrer ein solcher, sehr empfehlenswerter Sekundenschlaf bemächtigt.

Spätabends an einer Hotelbar in Schusselshausen an der Knatter lallte mir mal ein Berufskollege ins Ohr – schäumendes Bier in Genusseinheit mit kurzen Klaren hatten seine Zunge gelöst –, dass er in der Lage sei, während seines Bühnenprogramms die Anzahl der Zuschauer präzise zu erfassen. Die Summe der Leute multipliziere er dann jeweils mit dem Eintrittspreis und dividiere das Resultat mit dem Teilungsschlüssel des gierigen Veranstalters. Anschließend mindere er die Summe um seine Auslagen und Reisekosten, und zum Schluss wisse er genau, wie viele Scheine sein Agent ihm am Ende der Show rüberrascheln werde.

Er behauptete, dieses Rechenkunststück vollziehe er mit seiner linken Gehirnhälfte. Seine rechte Gehirnhälfte wiederum betätige er ausschließlich für den Text seines Programms. Phänomenal, oder? Tja, nicht von ungefähr werden wir Bühnenarbeiter eben als „Künstler" bezeichnet.

Manche von uns vermögen sogar, Arbeit und Privates auf das Vortrefflichste miteinander zu verquicken. Ich hatte mal das Vergnügen, den Aphoristiker Gabriel Laub bei einer Lesung zu verfolgen. Der alte Gaukler demonstrierte seine böhmische Lebensart nicht nur anhand barocker Körperlichkeit, sondern auch durch unmäßigen Tabakgenuss während des Vortrags. Genauer gesagt: Gleichsam nebenbei lieferte er eine imposante Darbietung in der Disziplin „Kampfquarzen" ab. Helmut und Loki Schmidt sollen ihn ja speziell deswegen besonders verehren. Laub gelang das Kunststück, während der Lesung seiner Texte unendlich tief an der jeweils brennenden Zigarette zu saugen und beim Inhalieren pausenlos weiterzureden. Der mächtige Brustkorb hob sich dabei, die Stimmlage kletterte um eine Oktave ins Umwölkte hinein, und dann – das Publikum verharrte gebannt, den Blick auf die immer länger werdende Zigarettenasche gerichtet –, dann atmete der Mann mit aufreizender Lässigkeit aus.

Wir, die Fans, verschwanden für ihn hinter einer monströsen bläulichen Qualmwolke, durch die hindurch eine zurück in die normale Tonlage rutschende Dichterstimme mit lustiger Lyrik klang. Nach zweieinhalb Stunden waren wir durch das passive Rauchen fix und fertig, während Gabriel Laub wirkte, als hätte er in einem Jungbrunnen geplanscht.

Was lernen wir daraus? Kümmere dich nicht um Konventionen – gib dein Bestes. Ob Publikum oder Touristenpack, heutzutage verlangen sie alle unablässig unseren Höchsteinsatz. Wir auf Sylt haben das verstanden, und Gabriel Laub offenbar auch ...

Pflichterfüllungsmaschinen

Sylter Männer haben überall ihre Finger drin – wie sollen sie da noch malochen?

Immer wieder passiert es, dass Sylter nach Festlandsaufenthalten von bizarren, ihnen rätselhaften Lebensformen berichten. Sie erzählen von Menschen, die jeden Tag ins Büro fahren, in Fabriken Teile zusammenschrauben oder sich als Verkäufer verdingen. Praktisch täglich, und zwar von acht bis achtzehn Uhr.

Abstruse Biografien, die auf Sylt gar nicht denkbar wären. Für solche Ausschweifungen hat der Insulaner ja nun wirklich keine Zeit! Der repräsentative Durchschnittssylter ist von Beruf Sohn. Er hat ein Appartementhaus geerbt, und das nährt ihn redlich. Seine Hauptbeschäftigung: Er muss sich kümmern. Der Tag startet mit ausführlichster Zeitungslektüre. Das zieht sich von Sport und Wetter über Lifestyle und Börsentipps bis hin zu Insolvenzen und Society.

Gegen elf Uhr hat er einen Termin mit seinem Steuerberater – auf dem Golfplatz, versteht sich. Fetter Dorfklatsch und geldwerte Nischeninformationen lassen unseren Freund sein Horrorhandicap vergessen. Wieder zuhause, gilt es die unangenehmeren Termine auf der Agenda runterzutelefonieren: Die Oma, die im Pflegeheim auf dem Festland vegetiert, wird vom trost-

losen Einbett- auf ein geselliges Vierbettzimmer um-
gelegt. Eine humanitäre Maßnahme und kostengüns-
tig dazu. Diese noble Einzelunterbringung, das war ja
nun wirklich ein Fass ohne Boden.

Und so geht das weiter im Schweinsgalopp durch den
Tag. Atemlos. Die älteste Tochter muss zum Reitunter-
richt nach Morsum kutschiert werden, das ukrainische
Au-pair-Mädchen zum Deutschunterricht nach Westerland, und die geleerten Champagnerflaschen wollen in den Glascontainer. Nein, seine Gattin kann ihm
dabei nicht helfen. Schließlich ist auch ihr Tag voll
durchgeplant: Sie hat gerade einen Meditations-
Crashkurs für Sylter Unternehmerfrauen belegt. Lern-
ziel: Auf die Schnelle üben, langsamer zu werden.
Anschließend muss sie flugs die Koffer packen, denn
schon morgen jettet sie mit ihrem Canastaclub nach
Schottland.

Ein Sylter Mann weiß sich in solchen Situationen zu
helfen. Er nutzt die Zeit, um mal wieder in „Eve's
Nightclub" vorbeizuschauen und bei der Gelegenheit
nach seiner Armbanduhr zu forschen. Sie muss kürzlich wohl irgendwie zwischen Wand und Bett ge-
rutscht sein.

So geht das ununterbrochen – Innehalten ausgeschlossen. Der Alltag ist vollgestopft mit Pflichterfüllung,
Plage und Hektik. Ein Leben auf der Überholspur. Und
nächste Woche brettert er mit einem Achtundzwanzig-

Tonner nach Rumänien, um dort Hilfspakete für die Armen abzuliefern. Die Altkleidersammlung von Kampen wird quasi nach Bukarest verklappt. Wenn die da schon frieren müssen, sollen sie dabei wenigstens chic aussehen.

Auch in der Kommunalpolitik war er schon aktiv. Doch das erwies sich als kontraproduktiv. Die meiste Zeit musste er auf dem Korridor vor dem Sitzungssaal verbringen, da er ein ums andere Mal wegen Befangenheit ausgeschlossen wurde. In fast jedem Bauantrag und jedem öffentlichen Auftrag hatte er seine Wurstfinger drin.

Wenn ich also den Alltag eines rechtschaffenen Sylter Bürgers und Geschäftstreibenden vollkommen neutral betrachte, frage ich mich unwillkürlich, wie die Menschen auf dem Land und in den Städten es schaffen, noch einer geregelten Arbeit nachzugehen. Wo nehmen die die Zeit her? Rätselhafte Festlandsdeutsche ...

Internetsauereien

Die Ursachen des Ozonlochs sind woanders zu orten, als die meisten meinen

Ganz erschrocken war ich, konnte es gar nicht glauben, als ich gestern im Internet las, dass, äh … ach nee – ich muss das anders erzählen.

Also, wegen dieser klimaschädlichen Kohlendioxidgase habe ich mir schon vor einiger Zeit abgewöhnt, Flugzeuge zu benutzen. Sogar meinen Landrover lasse ich nur noch selten an. Stattdessen fahre ich tüchtig Rad und, beiläufig erwähnt, trenne natürlich auch meinen Müll nach allen Regeln der Kunst.

Nächtige ich für längere Zeit in einem Hotel, vermeide ich es, Handtücher auf den Boden zu werfen, was ja bedeutet, dass sie gewaschen werden sollen. Lieber rubbel ich mich mit ihnen ab, bis sie sich gelblich-grau verfärben. Selbstverständlich fahre ich nicht mit dem Auto zur Bank, um die Angestellten dort mit antiquierten Überweisungen und Daueraufträgen zu behelligen. Nein, ich mache zeitgemäßes Homebanking, bis die Leitungen qualmen. Für die Anfahrt in den Urlaub, genauer gesagt: zum Jugendherbergswandern im Hunsrück, benutze ich den Eilzug. Glauben Sie mir, ich bin so öko drauf, ich könnte mir vorstellen, dass die Umwelt schon gar nicht mehr mitbekommt, dass ich überhaupt existent bin.

Jetzt lese ich aber, und das hat mich echt verdattert, dass beim Gebrauch des Internets, beim Surfen durch die virtuelle Welt der Bits und Bytes enorm viel Strom verbraucht wird, mehr als – und, Freunde, nun kommt's – mehr als beim gesamten Flugverkehr weltweit. Kurzum: Das Internet ist die größte CO_2-Schleuder überhaupt! Die Rechenzentren der Internetprovider verbrauchen eine Strommenge, zu deren Gewinnung allein in Deutschland mehrere Kernkraftwerke erforderlich sind. Und diese Großrechner produzieren, quasi hintenraus, derart viel Wärme, dass weitere Kraftwerksleistungen erforderlich sind, um das Desaster wieder auf ein erträgliches Maß runterzukühlen.

Tatsächlich soll es mancherorts mittlerweile verboten sein, Großrechenanlagen in die Einflugschneisen großer Flughäfen zu bauen, weil die aufsteigende Warmluft zur Landung ansetzende Jumbos um Kilometer verdriften lassen würde.

Also, ehrlich gesagt, dass es so schlimm ist, das habe ich nicht geahnt und gewollt schon gar nicht. Mein Laptop summt doch nur ganz leise, ganz harmlos. In Wahrheit aber verhält es sich so, dass durch die Bestellung eines Kühlschranks per Internet Eisberge wegschmelzen – also nicht direkt und sofort, sondern so nach und nach. Aber das ist doch paradox.

176

Und wenn man beim Netzsurfen mal – ohne eigenes Zutun, versteht sich – auf eine Pornoseite weitergeleitet wird und man da versehentlich eine Weile backen bleibt, weil man den Ausgang nicht findet, dann werden nicht nur die Ohren heiß, sondern das gesamte Weltklima erigiert gleichsam mit, der Meeresspiegel steigt an und die Malediven saufen ab.

Auch die Sylter Feriengäste beteiligen sich übrigens an diesen unverantwortlichen Sauereien. Zwar haben sie es gut gemeint, als sie beschlossen, auf ökologisch problematische Fernreisen zu verzichten und stattdessen den Urlaub im ihnen vertrauten Kultur- und Klimabereich zu verbringen. Doch dafür durchforsten sie wochenlang das World Wide Web auf der Suche nach einem möglichst billigen Ferienappartement, schicken ungezählte Mails in den Orbit, laden bitfressende Dateien runter und leisten CO_2-aktive Online-Anzahlungen.

Und wenn sie sich Monate später vom Autozug über den Hindenburgdamm schleppen lassen, wundern sie sich über Lufttemperaturen von neunundzwanzig Grad im April oder Bodenfrost im Juni. Und dann schimpfen sie über die Chinesen, weil die vom Fahrrad langsam aufs Automobil umsteigen, und über die Kühe, weil die zu viel furzen …

Klingeltöne

Handys sind eine Geißel der Menschheit, mitunter
aber auch ganz nützlich

So sieht der Normalfall einer Kabarettveranstaltung
aus: Einer steht vorne oben und sabbelt den anderen
unten die Ohren kraus. Die lachen hin und wieder,
manche gackern auch, Einzelne kriegen sich gar nicht
mehr ein, und wieder eine andere Gruppe scheint
überhaupt nicht zu begreifen, was gerade vonstatten
geht. Jedenfalls gucken sie so. Nach zwei Stunden erheben sich alle und gehen erschöpft und im Idealfall gut
gelaunt nach Hause.

Das Individuum auf der Bühne hat nur selten Spaß. Es
kennt das Programm ja schon. Die lähmende Routine
wurde früher selten, wird heutzutage öfter durchbro-
chen, weil es mobile Telefone gibt. Denn wenn im
Publikum ein Handy klingelt, kann es ausgesprochen
lustig werden. Folgende Abläufe habe ich bereits live
erlebt:

Szenarium 1: Der Betroffene ist zunächst erschrocken,
sodann entsetzt. Hektisch schaltet er das Gerät aus,
wirft es auf den Boden und springt drauf herum.
Scham ob seines Versagens steht ihm ins Gesicht
geschrieben. Im Anschluss an die Vorstellung kauft er
am Buchtisch die vorhandenen Bestände auf, um auf

diese Weise die Gunst des Kleinkünstlers zurückzuer-
langen.

Szenarium 2: Der Angerufene sucht sein Handy verzweifelt in einer bundeswehrfarbenen Mehrzweck-
Outdoor-Jacke mit achtundzwanzig, zum Teil versteckt
angebrachten Taschen. Der Klingelton schwillt währenddessen an. Irgendwann nach dem Aufreißen unge-
zählter Klettverschlüsse entdeckt der Delinquent das
Gerät, drückt den Anruf weg, grinst feist und fordert
den Bühnenkünstler mimisch auf, mit seinem Pointen-
feuerwerk fortzufahren.

Szenarium 2a: Zwei Minuten später meldet sich das
Telefon mit abweichendem Signal erneut. Es ist die
Mailbox, auf die der weggedrückte Anrufer sein Begeh-
ren gesprochen hat. Das sind die Momente, in denen
selbst in zivilisierten Hochkulturen die Vorteile der
Lynchjustiz erkennbar und im Abstimmungsfalle
mehrheitsfähig werden.

Szenarium 3: Ein Handy düdelt in Reihe eins. Der
Wortakrobat auf der Bühne unterbricht seine Darbietung, hundert Augen- und Ohrenpaare wenden sich
dem Übeltäter zu, der sich mit dem Gerät am Ohr in
embryonaler Körperhaltung zusammenkrampft und
sich – ich sach mal: unlocker – in das fernmündliche
Gespräch einbringt: „Sascha hier … Hallo Mutti, ja, du,
ich kann jetzt gerade nicht … nein, ich bin nicht auf
Arbeit, ich bin noch krankgeschrieben … du, Mutti,

ich ruf dich nachher zurück, ich bin gerade im Theater … nein, Mama, es geht jetzt wirklich nicht, die gucken hier schon alle … ja, Mama, ich fahr morgen zum Baumarkt … nein, Mama, es heißt nicht Dispositionsfarbe, sondern Dispersionsfarbe … nein, ich bin nicht im Schauspielhaus, ich bin im Gemeindehaus bei den Evangelen … nein, nicht die zehn Gebote von Charles Heston, nein, das ist hier so'n Sylter Komiker, ja, geht so, bisschen viel Text … ja, grüß Papa und Tante Lore … du, Mama, ich muss jetzt echt aufhören … ich glaub, der will hier jetzt weitermachen …"

Szenarium 4: Es klingelt das Handy in einem Jackett, welches im Eingangsbereich über einem Stuhl hängt. Keiner scheint zuständig, niemand fühlt sich angesprochen. Jovial bitte ich von der Bühne herab jemanden aus dem Publikum, das Kleidungsstück samt Telefon und Klingelton aus dem Saal zu tragen, am besten in den Kühlraum der Gastronomie oder in den Biergarten, damit ein für alle Mal Ruhe einkehre. Spontaner Beifall dankt mir meine scheinbare Coolness, diese abgefuckte Cleverness.

Kein Problem. Der Klingelton hatte mir verraten: Es war das Handy in meinem eigenen Sakko …

Immobilienkrisengeschrei

*Die Finanz- und Wirtschaftswelt scheint in heil-
loser Unordnung, doch die Rettung naht*

Amüsiert und kopfschüttelnd durchraschelt der Sylter
allmorgendlich die Zeitungen und staunt über die Auf-
geregtheiten in Deutschland und der Welt. Schweine-
grippe? Finanzkrise?!? Wie bitte? Abwrackprämie?
Klingt lustig. Zusammenbruch der Realwirtschaft? Was
soll das sein? Kennen wir nicht – weder Zusammen-
brüche noch Realwirtschaft. Hoch verschuldeter Staats-
haushalt? Bei uns gilt das geschmeidige Steuerprinzip:
brutto gleich netto. Opel steht vor dem Konkurs? Also,
Opel und Sylt ... äh, da sag ich jetzt lieber mal nix dazu.
Ich will mir ja keine Morddrohungen einhandeln.
Und dann diese Begrifflichkeit: „Immobilienkrise".
Häuser, die leer stehen, weil die Besitzer blank sind
und niemand das Gemäuer haben will. Lächerlich –
wo leben die eigentlich?
Mein Schwager Berthold beispielsweise wohnt in
einem Reetdachhaus am Dorfrand der Künstlerkolo-
nie Keitum. Das hat sein Urgroßvater vor dem Ersten
Weltkrieg mit seinen eigenen Händen hochgezogen.
Dazu gehörten drei Hektar Grundstück drumherum.
Der Vorfahr soll damals fünfzig Kreuzer für den Qua-
dratmeter gezahlt haben.

Das komplette Anwesen hat Berthold vor dreißig Jahren geerbt. Daraufhin ist er in die Kommunalpolitik gegangen, um, wie er tönte, das Friesentum zu schützen und zu bewahren. Nachdem er eine Teilungsgenehmigung für sein Grundstück durch die Gremien gemauschelt hatte, ist er aus der Gemeindevertretung wieder ausgestiegen und hat sich acht Friesenappartements in den Garten gewuchtet. Das Vermietungsgeschäft lief vom ersten Tag an wie geölt.

Unterdessen hat Berthold seinen Lebensstandard leicht angehoben. Unter anderem nennt er eine Villa bei Marbella sein Eigen, ferner ein Wassergrundstück in Key West, das er günstig aus einem Konkurs ersteigert hat. Motorisiert ist er mit einem Audi Q7 und wirkt insgesamt total entspannt.

Das ist nicht selbstverständlich.

Ich will nicht verschweigen, dass auch auf unserer Goldstaubinsel erste Indizien des Elends zu registrieren sind. So soll in einigen Szenelokalen die Wartezeit für einen Tisch am Abend von fünf Monate auf vier Monate abgeschmolzen sein. Nachdenklich könnte einen auch stimmen, dass kürzlich für ein Objekt in Kampen nur elf Millionen rübergewachsen sind, obwohl vierzehn Millionen Euro aufgerufen worden waren. Normalerweise geziemt es sich bei uns nicht, wegen lumpiger drei Millionen das Geschachere anzufangen. Pfennigfuchserei gilt auf Sylt als No-go. Aber gut, es gibt Ausnahmen.

Hasenfüße, von denen es auf Sylt wimmelt, raunen schon, bei solchen Kinkerlitzchen handele es sich um Menetekel. Ich glaube nicht daran, solange bei uns die größten Verkehrsstaus bei der Anfahrt zu einem der Golfplätze oder zur Sansibar entstehen und Fünf-Sterne-Plus-Hotels quasi im Monatstakt aus dem Treibsand gestampft werden. Die unausgesprochene Sylter Maxime lautet: Weltwirtschaftskrise schön und gut, aber wir machen da nicht mit.

Gut, zugegeben, wir leben auf einer Insel, sind aber vom Festland aus leicht zu erreichen. Das schränkt unsere Autonomie ein. Nehmen wir einmal an, der Kapitalismus, äähh, die freie Marktwirtschaft bräche komplett zusammen. Dann würden Ausläufer der Schockwellen vermutlich auch Sylt erreichen. Dennoch bedürfte es keiner Rettungsschirme der jeweiligen Bundesregierung.

Solch einen GAU würde die smarte neue Gemeindevertretung des Inselstaates Sylt per Handhochheben regeln: Man bewilligte allen Sylter Grundbesitzern eine um fünfzig Prozent aufgestockte Ausnutzung ihrer Flächen, und ein Bauboom kosmischen Ausmaßes würde losbrechen, flirrender Marmor- und Zementstaub würde mit tausend sich drehenden Kränen den Schwanensee tanzen.

Die Insel-Bauwirtschaft risse die Weltwirtschaft hoch, das ehrsame, notleidende Bankenwesen würde saniert und könnte – schwuppdiwupp – seine Milliarden-schulden bei den Steuerzahlern mit Zins und Zinses-zins begleichen. Als Gegenleistung würden wir Sylter nicht mal viel erwarten. Vielleicht, dass Petra Reiber erster weiblicher Bundespräsident wird und ein erfolg-reiches Abschneiden im Leistungsfach „Krabbenpu-len" Voraussetzung für die Zulassung zum Abitur. Aber sonst? Geschenkt.

Die Welt wäre gerettet – fertig und … plopp …

Konversationskontingente

Was das Prekariat an Redezeit einspart, wird durch
die Upperclass verbraten

Mitunter lesen wir von Ergebnissen wissenschaftlicher Untersuchungen, die wir kaum glauben können. Kürzlich haben Feldforscher herausgefunden, dass sich dreiundzwanzig Millionen Deutsche in ihrer Freizeit im weitesten Sinne sozialen Aufgaben widmen. Eine beeindruckende Zahl. Wer näher hinschaut, entdeckt freilich, dass das dabei auch organisierte Mundharmonikaspieler und Dorschangler mitgezählt wurden, nur weil sie ihrem Hobby im Verbund nachgingen. Unfassbar!

Es gibt aber auch handfestere Studien. So haben andere Gelehrte festgestellt, dass in ehelichen Partnerschaften nur noch sieben Minuten pro Tag miteinander geredet wird. Durchschnittlich.

Mein Eheleben dürfte den Schnitt eher nach oben gedrückt haben. Meine Frau behauptet glaubwürdig, ich könne und würde auch oft sieben Minuten lang reden, ohne Luft zu holen. Nun ist das schon rein beruflich bedingt, ich lebe ja praktisch von dieser Fähigkeit. Trotzdem nehme ich das aus dem Munde meiner Angetrauten mal als Kompliment.

Andererseits ist der Alltag in den meisten deutschen Familien ja ziemlich eingefahren. Die Woche läuft nach Muster, Abweichungen unerwünscht – und das schlägt selbstverständlich auch auf die verbale Kommunikation durch. Man bedient sich einer gewissen Fertigsprache: „Bring ma' 'n Müll runter!" oder „Hol ma' 'n Bier aus'm Kühlschrank!" oder „Räum ma' dein Zimmer auf!" oder „Mach dein' Dreck doch alleine!" – alles tausendfach erprobte Instantsprüche für den Alltag. So gesehen sind sieben Minuten gar nicht mal wenig.

Allerdings verändert sich die familiäre Konversation in den Abendstunden von der reinen Befehl-Gehorsam-Struktur Richtung Kultur: „Du, Mutti, ich mach ma' Fernsehn an, Musikantenstadl läuft heut." Darauf Mutti: „Is' gut, dann kann Papa dabei ja 'n Korb Wäsche wechbügeln. Da steckt auch deine Unterhose für nächste Woche mit drin."

Unübersehbar dabei: Selbst durch diese vergleichsweise langen Satzkonstruktionen verbrauchen wir nur wenig Zeit. Vorbildlich. Es kommt vor, dass wir beim Schlafengehen überschlägig ausrechnen, den ganzen Tag über nur rund zwei Minuten gequatscht zu haben. Die verbleibenden fünf Minuten buchen wir dann als Vortrag auf den folgenden Tag um.

Nun wissen wir aus dem Fernsehen, dass in besseren, in gebildeteren Kreisen ganz anders dialogisiert wird. Zwischen dem Rascheln der Depot- und Kontoauszüge und dem Geklapper der Brilliantcolliers fallen funkelnde Sätze wie: „Ach, liebster Alexander-Konstantin, wenn wir vom Hummeressen auf Martha's Vineyard zurückkommen, könnten wir doch einen Abstecher in die Schweiz machen und die Kinder im Internat besuchen." Sodann tritt er an sie heran, umfasst mit seinen filigranen Künstlerhänden ihre schmale Taille und erwidert hauchend: „Das, meine Holde, ist eine zauberhafte Idee. Da kann ich bei der Gelegenheit per Helikopter eine kurzen Abstecher nach Liechtenstein unternehmen, um dort einige pressierende pekuniäre Angelegenheiten zu regulieren." Darauf schauen sich die beiden glutäugig an, und die hochkochenden Glücksgefühle steigern sich zu einem hormonellen Veitstanz.

In solchen Partnerschaften reichen die sieben Minuten natürlich hinten und vorne nicht. Doch das soll uns nicht stören. Es handelt sich ja lediglich um einen statistischen Wert. Zeit, die die Unterschicht ungenutzt zurückgibt, wird direkt ans Bildungsbürgertum weitergeleitet. Das nennen sie an den Sozialforschungsinstituten „gleitende Gesprächszeit".

Dieser Effekt passt im Übrigen nahtlos in die wachsende Durchlässigkeit zwischen den Gesellschaftsschichten. Schon jetzt ist es so, dass *ein* Reicher für *neun* Hartz-IV-Empfänger aufkommt – der von den Linken geforderte Geldtransfer von oben nach unten funktioniert also schon längst. Im Gegenzug stellt das Prekariat Redezeit, die es nicht zu füllen vermag, den Eliten zur Verfügung. Wer wollte bestreiten, dass jenes Publikum, das sich vor der Trinkhalle am Ende der Straße zusammenknäuelt, hauptsächlich dasteht, die Zeit totschlägt und sich schweigend kaltes Bier reinschüttet. Die haben sich alles, was ihnen durch die Birne rauscht, schon mehrfach gesagt, echt.

Komplett anders beim Poloturnier in Keitum: Im schneeweißen VIP-Zelt fließt der Champagner in Strömen, und ein heiterer fliegender Gesprächsteppich plaudernder Paare überschwebt den Pferdeäpfelduft argentinischer Provenienz.

Was ich mit diesem anschaulichen Beispiel transportieren möchte, ist folgende mathematisch-statistische Beweisformel: Trinkhalle plus Poloturnier geteilt durch zwei ergibt exakt sieben Minuten. Ein Prosit auf die angewandte Wissenschaft!

Trüffelschweinurlauber

Über die unleugbaren Kontraste zwischen Kurgästen auf Amrum, Sylt und Föhr

Ja, es ist tatsächlich so, dass der Sylt-Urlauber, der Föhr-Badegast und der Amrum-Liebhaber so gut wie gar nichts gemeinsam haben. Sie entstammen grundverschiedenen Kulturen, verfügen über divergierende Denkstrukturen und leben ein den jeweils anderen unverständliches Leben.

Der typische Sylt-Urlauber entspricht dem gängigen Klischee: Er gehört zur Oberschicht, ist im Beruf Entwickler, Performer, Entscheider und Trendsetter. Stets hält er sich dort auf, wo die Luft brennt. Die Frage, ob er wohl ohne fremdes Zutun das Universum erfunden hätte, wenn er nur zur passenden Zeit gelebt hätte, würde er mit einem erstaunten „Ja, natürlich!" beantworten.

Er liest quer im Wald der Printmedien, von FAZ über Men's Health, Focus Money bis hin zu BILD und WamS. Mit Büchern hat er es nicht so. Auf Tiefgang legt er keinen Wert, schließlich muss es im Big Business husch-husch gehen. Time is Money, dieser alte Hut wird in den Finanzmetropolen auf dem Globus immer noch getragen. Außerdem sind Bücherschreiber für ihn armselige Spinner, außer Hans-Olaf

Henkel, der halbamtliche Lautsprecher der deutschen Industrie.

Der typische Sylt-Urlauber wühlt sich lieber wie ein Trüffelschwein durchs Internet, immer auf der Suche nach versteckten Hinweisen, mit Hilfe derer er seinem Leben einen zusätzlichen Kick verleihen kann. Der Benzinverbrauch seines Pkw entspricht dem eines Flugzeugträgers der US Navy. Das empfindet er jedoch keineswegs als Ärgernis, sondern als Statussymbol.

Stammhalter werden, sofern sie pubertierend aufbegehren, ins Eliteinternat verbracht, und Töchter wechseln von einem Orchideen-Studienfach ins nächste, von der Assyrologie zur Indogermanistik oder so. Gefragt ist momentan das Fach Finnougristik, die Lehre von der Bedienung eines Nokia-Handys der vierten Generation. Gutmütigere Familienoberhäupter spendieren dem Nachwuchs zuweilen eine Töpferei oder Goldschmiede in Keitum beziehungsweise eine Herren-Boutique in Wuppertal – oder, Moment, sind ist da nicht schon Erwin Lindemann und der Papst zugange?

Ganz anders der Föhr-Fan. Er liebt die göttliche Ruhe, radelt mit Vorliebe versonnen über die grüne Insel, blickt hin und wieder meditierend aufs Meer und ist total glücklich, wenn er beim Bäcker in Utersum in einer Warteschlange zwischen blondäugigen, friesisch parlierenden Eingeborenen steht.

Nachdem er eine Runde im Meer gebadet hat, zieht er züchtig unter dem Bademantel seine nasse Badehose aus und schlüpft dann mit grotesken Verrenkungen in seinen Feinripp-Karl-Heinz, um einer Blasenverkühlung vorzubeugen. Seine Frau bringt sich daheim als ehrenamtliche Gleichstellungsbeauftragte ein, und die Kinder besuchen selbstverständlich die Waldorfschule. Sie werden später Waldorfschullehrer wie ihre Kinder und ihre Kindeskinder. Das mendelt sich so durch die Jahrzehnte und Jahrhunderte und ist auch gut so. Was sollen sie denn sonst machen? Holzspielzeuge drechseln oder Kinderbibeln illustrieren?

Der Amrum-Gast schlussendlich besitzt weder Auto noch Fahrrad. Ihm reichen zwei Nordic-Walking-Stöcke von Lidl und eine Bahncard. Er ist emeritierter Hochschullehrer, gern auch Veganer, zählt Marcel Reich-Ranicki, Helmut Schmidt und Alexander Solschenizyn rein mental zu seinen Duzfreunden, und als erbauliche Gutenachtlektüre liegt Ulysses von James Joyce auf dem Nachttisch. Glück erfährt er des Abends, wenn die Freizeitanimateurin der Kurverwaltung in Norddorf die Badegäste – im Licht der untergehenden Sonne – schwermütig in die Abendseligkeit klampft.

Die Entscheidung liegt bei jedem Einzelnen, ob er nun Sylt, Amrum oder Föhr bevorzugt. Aber nach diesem aufklärerischen Text kann niemand mehr sagen, er habe nichts über die Unterschiede gewusst …

Impressum

Bibliografische Information der Deutschen Bibliothek
Die Deutsche Bibliothek verzeichnet diese Publi-
kation in der Deutschen Nationalbibliografie; detail-
lierte bibliografische Daten sind im Internet über
http://dnb.ddb.de abrufbar.

ISBN 978-3-8319-0417-4

© Ellert & Richter Verlag GmbH, Hamburg 2010
5. Auflage 2014

Text: Manfred Degen, Westerland/Sylt
Illustration: Kim Schmidt, Dollerup
Gestaltung: Büro Brückner + Partner, Bremen
Gesamtherstellung: CPI books GmbH, Leck
www.ellert-richter.de